修練幸福感的重構與實現

走出迷茫、面對挑戰、發現真我，
深度解析幸福，從心開始的生活蛻變！

高藝秦 著

探索生命中真正的價值和意義
一場尋找幸福真諦的啟蒙之旅

是否覺得自己日復一日地過著「不幸福」的生活
也許「不幸福」，只是因為我們對幸福的定義已經被模糊了

抬頭挺胸，一起重新找回屬於自己的「幸福」

目錄

♡ 目錄

第 4 章

學習真誠的做人之道
—— 放下策略，擁抱真實

♥ 目錄

第 7 章

積極正向的職場

—— **不抱怨，改變命運**

♥ 目錄

第 10 章
相處的藝術
── 提升幸福感的人際交往

♥ 目錄

前言

　　我從 2001 年開始從事心靈教練、培訓師的工作，至今已經整整 23 年。23 年的時間，我做過近萬場的培訓，見過的學員，連我自己也數不清了。

　　在做培訓的這十幾年裡，我常常與很多人深談後擦肩而過。而我，會在深談之後陷入沉思，我們每個人都在尋找幸福，但幸福到底是什麼？我們要怎樣才能幸福？

　　生活在這個時代，大部分的人活得並不輕鬆。每天早上一睜眼就要還房貸；拚了命才擠上公車，結果卻堵在路上；想好好尋找自己的愛情，卻遭遇千里之外父母的逼婚；想賺取人生第一桶金，卻虧到血本無歸；打算事業有成後好好孝敬父母，不料父親轉眼離世……這些生活中本該美好的東西，由於現實的諸多因素，常常讓我們痛苦不已。遭遇的不幸、職場的不公、命運的多舛、生活的無奈……無時無刻都在影響我們的幸福感。

　　身為一個普通人，我也曾遭遇諸多不幸 —— 媽媽的離世、被人騙走十幾年的積蓄、婚姻走到終點……但值得慶幸的是，我一一從這些不幸中走了出來，並重新遇到了幸福、快樂的自己。

　　在感慨之餘，我做了一個最重要的決定：寫一本關於幸福的書，把我這十幾年的所見、所聞、所想 —— 更重要的是 —— 把我對幸福之道的研究和理念，分享給有緣的朋友，這是我小時候的夢想。

　　決定寫書時，我原本以為我能好好的寫作一本書，幾年前，我開始了第一次真正意義上的寫作。然而，在具體寫作時，我不知道

該如何處理我的故事，也不知該如何駕馭文字。我就像一個剛學會開車的駕駛者，在初學會駕車之術後，以為就可以馳騁萬里，結果卻舉步維艱。於是，我開始了漫長的學習生涯，我想等時機成熟之時，將自己的筆緊緊握在手下。

在學習寫書的過程中，我閱讀了大量國外的心理學書籍，和國內的一些修道者、培訓師寫的關於幸福的書籍。並由此發現了一個問題：很多傳授幸福之道的書籍，在教人如何獲取幸福時，總是大量鼓吹「放下」、「知足」等觀念，但這些真的能從實際上幫助讀者嗎？

我認為是不能的！

舉個很簡單的例子，我的媽媽在幾年前去世時，那時的我痛苦至極，無法面對愛我的媽媽突然離開，眼淚忍不住的流。如果按照那些倡導「放下」、「知足」的幸福書籍所說，我需要「放下」！這是生我、養育我、我最愛的媽媽，我如何「放下」？我好好的哭了一場，表達了心中對媽媽滿滿的愛，然後調整自己，學著接受媽媽離開帶來的好處，淚水不斷的沖刷我的心靈。當我在淚水中逐步找到足夠的好處時，我的心裡變得越來越強大，我接受媽媽換了一種方式來愛我，這種力量非常巨大，我用這種巨大的力量鼓勵自己和陪伴我的家人越來越好，陪我最愛的爸爸一起享受接下來的日子，我慶幸我觸碰到了真正的幸福之道。

另外，還有一類傳授幸福之道的書籍，會向我們傳授一個理念：只要努力，就能成功。我認為這種說法有時會誤導我們。我們身邊的確有不少透過努力獲得成功的人，這樣看來，這個論點是成立的。但是所見並不一定為實。我們是看到透過努力獲得成功的人，

但是努力過，最後失敗的人更多。也許是後者並不想跟大家分享自己的故事而已。

這類書籍的流行，恰恰反映出在我們的教育結構中，忽略了一個重要的環節——如何接受失敗？

這類書籍中的「只要努力，就能成功」，還有一種意義，就是我們「做什麼事都能成功」。換句話說，失敗的機率是可以降低的，一個人會失敗，就是因為他不夠努力。在這種邏輯下，失敗彷彿成為一件不可饒恕的事情。但現實是，失敗是常態，成功才是偶然。

一個人能夠不斷追求成功，並且正確面對失敗，才能獲得幸福。拒絕失敗、逃避失敗，其實就是拒絕進步、逃避自己。

除此之外，還有些書籍一直在勸大家「不要在乎錢」、「有錢不一定幸福」……對於這一點，我有不同的觀點。在現今這個社會，沒有錢作為依託，談何生存的尊嚴？當我們去面試時，不敢跟老闆談論錢，我們可能拿到的只有少量的薪資，但卻要做幾個人的工作。所以，談錢為何要不理直氣和呢？想賺錢又有什麼不妥嗎？

在這個物質社會裡，什麼能帶給人巨大的安全感？我想有一個答案可能大家都不會否認，那就是錢。沒有錢，我們無法養家活口，父母生病時我們只能無可奈何……這時，我們又談何幸福？所以，我想說的是，沒有錢不一定會不幸福，但有錢的確會幸福一些。我不想告訴大家「不在乎錢」、「視金錢如糞土」，我要教大家的是，對金錢有正確的認知以及如何透過理財、建立正確的消費觀，來讓自己獲得財富的方法。

當然，我這樣說，並非完全否定「放下」、「知足」、「只要努力，就能成功」這些幸福理念。其實，大部分這類相關書籍的出發

點是好的，也是想帶給人們一些正能量，讓我們對未來充滿希望。在我人生的困境時，我也看過幾本「放下」、「知足」的書籍，以獲取生活的信心。

問題是，我透過這麼多年對「幸福之道」的研究顯示：這樣的書籍，對我們解決實際問題很難有功效，有時一點用都沒有。如果我們長期受到「放下」、「知足」、「只要努力，就能成功」的洗禮，會讓我們進入一個奇怪的狀態 —— 間歇性躊躇滿志，持續性混吃等死。意思就是我們每天看起來都非常有信心，充滿正能量，但卻缺乏分析問題和真正解決問題的能力。

所以，我對這些書給出的評語是：它們能讓我們瞬間獲得信心，但過後則一切回歸原樣。我覺得是時候寫點東西，把大家從自我麻痺中拉回來了。

從譁眾取寵到寫實主義，我透過幾年的時間讓自己沉澱下來。如今，我想是時候開始我的寫作了。在寫作期間，我經歷了很多篇章，每一次都會經歷無數次的掙扎。如果當我回頭看這本書時，發現自己的心力能幫到更多有緣人，我想這是我最想看到的。

在本書中，我不想勸讀者「放下」、「知足」，告訴讀者「只要努力，就能成功」，以及告訴大家「不要在乎錢」。我會從一些實際觀點出發，告訴大家具體的解決方法。比如，我會以我自己理財的經驗，告訴大家如何根除貧窮、建立正確的消費觀、正確的理財方法；我會提倡正向的「折磨」，而不是做自己無法做到的事情，追求得不到的東西；我會在人生規劃的章節告訴大家，如何做踮起腳尖能碰得到的規劃，因為，拿得到的幸福才是你的；再比如，在努力的章節裡，我不會告訴大家「只要努力，就能成功」，比起不明就裡

的努力，我更願意傳授給大家正確的努力方法……

　　我的書裡，沒有枯燥無味的說教，所有的故事都是我自己多年的經歷和學員的遭遇。在我的書裡，或許有我的朋友、或許有正在找工作的大學生、或許有身家上億的企業家……但不管怎樣，我想透過這些事，說出當今社會最具代表性的事件，讓大家從中有所悟、有所思、有所想，最終有所感。

　　總之，只要你翻開本書，就會發現這跟你以往讀到的任何一本幸福類的書籍是不一樣的。在本書，我會直擊痛點，比如抨擊社群貼文裡求「按讚」、求「轉發」的現象，告訴大家使用社群媒體正確的發文注意事項；我會對「成功學」進行分析，文章詞句犀利，針砭時弊，告訴你真正成功的樣子……我所希望的是，這些幸福之道的理念能切實可行的幫助到你，讓你明白幸福真正的模樣。這就是我寫這本書的初衷，也是想達到的目的。

　　我想，任何一個寫書之人，都想在寫書的同時，寫出自己的世界，把自己的經歷呈現給這個世界，然後把這個世界放大到他人的靈魂深處，給予他人啟發。在這本書裡，我提供我看幸福的另一個角度，如果能帶給你一些共鳴和感悟，我已經很滿足。

　　筆及之處，斗膽歡談。願大家在我的故事裡，看到自己的影子。願你在我的開悟中，找到幸福的方式。

　　最後，我願把本書獻給所有追尋幸福的人。

第 1 章

覺醒幸福的真諦

—— 不是你不幸福，而是你根本不知道什麼是幸福

幸福是什麼？對於這個問題，即使再厲害的哲學家，也無法給出一個準確的答案。我也不例外。身為一名心靈教練，不會像傳統的培訓師那樣，告訴你幸福就是要「放下」、要「知足」。我會直接用一些最真實的數據，向你推行「不是你不幸福，而是你根本不知道什麼是幸福」這個理念。漫漫人生路，我們披荊斬棘，勇往直前，但我們始終達不到幸福的彼岸，這是為什麼？因為一開始，我們就跑錯了航線。

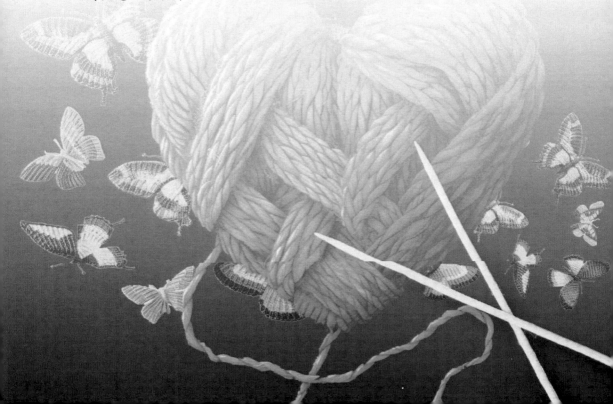

01.
挑戰快樂星球指數的可信性

高老師的幸福解析

英國「新經濟基金會」（NEF）成立於 1986 年，這個基金會大家也許並不熟悉，但是說到「快樂星球指數（Happy Planet Index，HPI）」，大家可能就不陌生了。2006 年，這個基金會建立了一套評價標準，這個標準的評價結果就叫「快樂星球指數」。當時，這個「快樂星球指數」一經公布，就引起全世界的廣泛關注。

2006 年，英國新經濟基金會對全球 178 個國家和地區進行了「快樂星球指數」評價，評價結果為：太平洋島國萬那杜（Republic of Vanuatu）第一，哥倫比亞第二，哥斯大黎加第三，多明尼加第四，巴拿馬第五。

為了讓大家更能好好檢視這個評價的具體情況，我製作「2006年全球快樂星球指數排行表」，如下圖所示。

亞洲		歐美已開發國家		快樂星球指數墊底國家	
排名	國家（地區）	排名	國家（地區）	排名	國家（地區）
12	越南	55	瑞士	174	烏克蘭
17	菲律賓	64	冰島	175	剛果
23	印度尼西亞	66	義大利	176	蒲隆地
31	中國	71	荷蘭	177	史瓦帝尼
32	泰國	81	德國	178	辛巴威
44	馬來西亞	87	西班牙		
88	香港	99	丹麥		

95	日本	108	英國		
96	臺灣	111	加拿大		
131	新加坡	115	挪威		
		119	瑞典		
		123	芬蘭		
		129	法國		
		150	美國		
		172	俄羅斯		

圖 2006 年全球「幸福指數」排行表

看完這個「快樂星球指數」排行表，有人會說：「金錢買不到幸福、快樂。」

那麼，英國「新經濟基金會」是怎麼計算「快樂星球指數」的呢？他們主要參考以下三個參數：

1. 人均壽命
2. 環保成效
3. 生活滿意度

很顯然，GDP 並沒有納入參數，同樣，一些民主、自由等政治因素，也沒有在參考之列。所以，計算結果看起來，工業化程度越高的國家，快樂指數越低，或者恰好相反。

比如，2006 年「快樂星球指數」冠軍的萬那杜共和國，人口將近 20 萬。萬那杜人民的生活，主要以家庭為中心，大家對物質生活的要求不高，每個人都很和善。除了颱風等一些自然災害，人們基本上什麼都不擔心。萬那杜沒有新潮的電子產品，如果按照 GDP 排名，萬那杜就要墊底了。

10 年後，這個基金會再次公布全球「快樂星球指數」排行榜，但是這一次，調查對象變少了。2006 年是 178 個國家和地區，2016

年比 2006 年少了 35 個國家或地區。這一次把人口較少的國家排除
在外，比如十年前的「冠軍」萬那杜共和國。這一次參加評選的 143
個國家或地區，占全球人口總數的 99%。十年前排名第三的哥斯大
黎加，這次排名第一，成為全球「最幸福、快樂」的國家。第 143
位墊底的，仍然是辛巴威。

亞洲		歐美已開發國家		快樂星球指數墊底國家	
排名	國家（地區）	排名	國家（地區）	排名	國家（地區）
5	越南	43	荷蘭	128	科威特（亞洲）
14	菲律賓	51	德國	143	辛巴威
16	印度尼西亞	52	瑞士		
17	不丹	53	瑞典		
19	寮國	57	奧地利		
20	中國	59	芬蘭		
22	斯里蘭卡	64	比利時		
24	巴基斯坦	69	義大利		
26	約旦	71	法國		
31	孟加拉國	74	英國		
33	馬來西亞	76	西班牙		
35	印度	88	挪威		
41	泰國	89	加拿大		
49	新加坡	94	冰島		
68	韓國	98	葡萄牙		
77	日本	102	澳洲		
79	伊拉克	103	紐西蘭		
80	柬埔寨	105	丹麥		
81	伊朗	108	俄羅斯		
84	香港	114	美國		
106	蒙古				

圖 2016 年全球「幸福指數」排行表

從這次的「快樂星球指數」統計結果可以看出，中美洲和亞洲
國家的排名居前，歐美國家居中或居後，非洲國家幾乎墊底。在一
個區域的國家或地區內，比如亞洲，工業化越落後，「快樂星球指

數」越高。這樣的結果，說明什麼？

　　10年的兩次評選都顯示 —— 有錢不等於幸福，工業化程度高，也不等於幸福。人們對這個排名作出解釋的時候，還有一個觀點，現今，環保話題的熱度很高，這種「幸福感」似乎變得更加突出。

　　就拿美國來說，10年前排名150，10年後排名114，雖然名次有進步，但還是居後。但是美國好像絲毫不關心，依然我行我素。

　　所以說，英國「新經濟基金會」的這個統計結果，只是少數人的標準，至少，像美國這樣的國家，是不會當一回事的。就連推行指數的英國也是一樣，英國10年前排名108，10年後排名74，都不是很理想，但是，有看過這些英國專家想擺脫英國這個「不幸的苦海」嗎？他們為什麼不移民去全世界最幸福、快樂的萬那杜呢？

　　我認為，這個「快樂星球指數」排行榜，要從幾個方面來看。

　　第一，「新經濟基金會」刻意把GDP排除在評價標準之外，這個想法是對的。但是，這種脫離GDP而建立的「幸福感」並不正確。而且，新的評價標準也有問題。比如「壽命」，長壽的確可以視為幸福的衡量標準之一，但是，我們設想一下，當整個社會都在嚴重高齡化，那長壽帶給我們的幸福感還剩多少？

　　第二，把人與自然的關係視為衡量幸福的標準值是無可厚非的，有錢也不一定會讓人感到幸福。已開發國家意識到以GDP作為衡量標準不合適，這一點還是值得肯定的。

　　第三，其實這個「快樂星球指數」的評價方式還不夠科學，只是某些已開發國家的學者極端的表現。這種思維和盧梭當年把原始人當成最幸福、最純潔的人一樣，是一種想像的產物。盧梭羨慕原始人，但是盧梭並沒有把自己變成原始人，這又是為什麼呢？

　　第四，人們對幸福、快樂的感受是各式各樣的，有物質的，有精神的。英國的「新經濟基金會」提出的幸福要素實在是太片面了，所以不能當作評價的標準。況且，僅憑幾個數字就判定一個國家是否幸福、快樂，聽起來就像一個玩笑。

　　第五，已開發國家利用一個片面的「快樂星球指數」，告訴那些工業化程度較低的地區「雖然你們落後，但你們幸福啊！」，不就是說「你們這麼幸福，就不用發展經濟了，保護好自然生態就可以了」，這種行為是不是太不厚道了？

　　第六，讓全世界遵照同一個幸福、快樂標準，從理論上來說，是可行的。但是，從西方文明的特徵來說，讓他們回答「什麼才是真正的幸福」、「什麼才是共同的幸福」這些問題，也許他們也不知道該怎麼回答。按照排名結果，越南人最幸福，但是越南人可不這麼想，他們還覺得英國人最幸福呢！所以，已開發國家按照自己的觀念解釋世界，世界未必接受。

　　不管怎麼說，幸福和物質生活是分不開的。中立的處理辦法是不要過度關注物質生活，也不要徹底拋棄物質生活，真正的幸福是來自於各個層面的。

02.
揭開不幸福迷霧的真相：你為何感到不幸福？

高老師的幸福解析

什麼是幸福？

我看過一個有趣的回答：「幸福就是我餓了，看別人手裡拿著肉包子，那他就比我幸福；我冷了，看別人穿了一件厚外套，那他就比我幸福；我想上廁所，就只有一間，你進去那間了，那你就比我幸福。」聽完你一定覺得好笑，覺得很幽默，但回頭仔細一想，還真是這麼回事！

過去，人們對幸福沒有那麼多的要求，在長輩們那個時代，不愁吃穿、有穩定收入、子女平安，就是幸福。但如今，不知道是因為生活水準提高了，還是人們欲望變大了，幸福彷彿離我們越來越遠了。

我的一個朋友在一家世界前 500 大的公司工作，工作穩定，收入可觀，打拚的這幾年，買了車、買了房，還成了家。照理說，他應該非常幸福了。但是他還是經常愁眉苦臉，他始終不明白自己每天這麼忙碌是在忙什麼，幸福好像離他越來越遠了。他記得小時候，週末和朋友們一起去踢球，就很幸福了；上學時，經常和朋友一起出去旅行，也很幸福。但如今這種幸福感已經悄然遠去了。

現在，缺乏幸福的幸福感越來越多。實際上，經濟的飛速成長，並沒有讓人們的幸福感同時提升。美國「蓋洛普（Gallup）」在

2005 ～ 2015 年間，訪問了 155 個國家及地區的數千名民眾，主要問題有「有沒有規律的作息時間」、「有沒有定期做體檢」、「有沒有休閒活動」……等，結果顯示，人們認為幸福感正在遠離，彷彿幸福已經不再眷顧我們這個星球了。

據統計，美國憂鬱症的患者比 1960 年代高出 10 倍，憂鬱症的好發年齡也降低到 14.5 歲。1957 年，英國有五成以上的人表示自己很幸福，到了 2015 年，只剩下不到 4 成。但在這段時間，英國國民平均收入提高了 13 倍。

這是為什麼呢？難道金錢和幸福就跟魚與熊掌一樣，不可得兼嗎？導致人們不幸福的原因有很多，主要還是源自於我們的內心。

哈佛大學曾經做過一項調查，發現大多數人正面臨普遍的心理健康危機。調查顯示，過去的一年中，有 80% 的人，至少有過一次感到沮喪、消沉；47% 的人，至少有過一次因為太沮喪而無法正常做事；10% 的人稱他們曾經考慮過自殺……

社會上這種現象太多了，心理壓力漸漸吞噬我們的健康，人們對健康的定義，已經不局限於身體沒有疾病了。於是，我們一次次的問自己：「我到底為什麼要來到這個世界，我為什麼不幸福？」

也許，看完下面這個故事，你會有所感悟。這也是我經常在課堂上向學生分享的故事。

從前，有一個年輕人到處尋找快樂，但遇到的總是煩惱和憂愁。他極其失望，他覺得這個世界沒有真正的幸福，他打算放棄了。他沮喪的踏上歸途，在路上，他遇到一個垂釣的老人，老人看起來怡然自得。

年輕人走上前去問老人：「老先生，請問您幸福嗎？」

老先生答：「我很幸福啊！」

年輕人追問：「為什麼呢？」

「因為我遠離紅塵，岸邊垂釣，無欲無求，我在享受我的生活。」老人笑著回答。

年輕人還是不明白，老人繼續說：「你不妨去拜訪一下蘇格拉底，也許你會找到答案。」

過了幾天，年輕人找到了蘇格拉底，問他：「我在尋找幸福，卻一直遇到痛苦，想得到幸福就這麼困難嗎？」

蘇格拉底說：「年輕人，你能幫我一個忙嗎？幫我造一艘船。」年輕人不太明白蘇格拉底的用意，但他還是答應了。他拿了工具，花了兩個多月，鋸倒大樹，鑿空大樹，造出了一艘獨木舟。

看著自己的工作成果，雖然很累，但年輕人感到很開心，他似乎已經忘了自己正在尋找幸福。第二天，年輕人把船推到河裡，並請來蘇格拉底，蘇格拉底看到年輕人的成果，非常滿意。他們一起坐上船，一邊划船，一邊唱歌。

這時，蘇格拉底問年輕人：「你現在幸福、快樂嗎？」

年輕人高興地說：「我非常快樂！」

蘇格拉底接著問：「那你找到你想要的答案了嗎？」

年輕人恍然大悟：「原來我們苦苦追尋的快樂，就蘊藏在創造中，在勞動中，我們不知不覺就獲得了快樂。」

最後，蘇格拉底說：「其實，快樂不需要刻意尋找，它就在我們身邊。只要我們認真生活，認真追求想做的事情，那麼快樂就會緊隨其後。」這時，年輕人才明白垂釣老人的話，領悟到了幸福、快樂的真諦。

高老師的幸福之道

　　我們以為有錢就是成功，有權就是快樂，我們只是貪圖那一時的愉快，以至於到最後，我們迷失了自己，不知道什麼是真正的快樂了。漫漫人生路，我們披荊斬棘，勇往直前，但我們始終達不到幸福的彼岸，這是為什麼？因為一開始，我們就跑錯了航線。

03.
成功的陷阱：現代毒藥的最高形式

高老師的幸福解析

　　某天，我在雜誌看到一篇文章，這篇文章的名字是「有一種毒藥叫成功」，說的是當今社會「成功學」大行其道，文章詞句犀利，針砭時弊，我很喜歡這篇文章，他與我的幸福之道理念相似。

　　「成功學」最早起源於美國，最開始是以「勵志」為主題。事實上，這種「成功學」是從教會中分支出來的。那時候，成功學的講師都是以神父、牧師自居，講一些看似真理卻圓滑的教義，再添油加醋，把芝麻誇大成西瓜。

　　最令人驚訝的是，這樣的悖論把學員日後的作為都歸結於「成功學」。如果學員日後成功，那都是「成功學」的功勞；如果失敗了，那就是沒有好好聽課。這樣的「成功學」，在我看來，真正成功的人只有一個，那就是賺大錢的「成功學」講師。

　　為什麼在美國的社會裡，大家對成功充滿嚮往，以至於後來這股「成功學」風，還颳到了亞洲？有研究者說，現在社會的自由度提升了，反而讓人失去思想的核心。對此，心理學家埃里希·弗洛姆（Erich Fromm）先生是這樣解釋的：

　　「現代人總渴望『逃避自由』，成功便成為一種新的精神鴉片，為空虛、盲目的人生，塗抹一點虛假的意義。」

　　對於埃里希·弗洛姆先生的解釋，我個人深表贊同。

什麼是成功？關於這個問題，從來沒有標準答案。但是現在的人，對成功的欲望越來越強烈，漸漸對「成功」做出了一些定義。比如有車、有房，年收入破百萬，成為高階長官，創業成功當老闆……等。用這些具體的事情，把成功形象化了。對金錢的渴望，對地位的渴望，在「成功學」出現後，更加強烈了。

在所謂「成功學」裡，大多鼓吹人生只有成功和失敗。甚至宣稱，凡是學習過「成功學」的人，都能夠成功，就像只有信奉上帝才能得救一樣。在這裡，我想說的是，如果不把成功的標準只歸類於房子、車子、錢、地位……這些，那麼，也許我們能接受「人人都能成功」的說法。

事實是，如今的成功，已經變成一個個具體的數字，一件件具體的事情，按照這個標準，這個社會到底有多少人能成功？

宗教的教義是「人人平等」，但是這些講師們卻歪曲成「人人成功」；宗教的靈魂，讓講師搖身一變成為雞湯大廚，一鍋鍋迷人的「成功雞湯」，讓大家神魂顛倒；宗教的善惡對立，被化為成功和失敗的勢不兩立、水火不容。在「成功學」的教義中，彷彿「不成功」是一種罪過，如果我們每個人的人生只有成功和失敗，那也太簡單了。

在這種「成功學」的大肆宣揚下，我經常看到一種現象：很多人為了追求成功，變成了沒有感情、只想要達到目的的機器。

【情景再現】

我曾經看過這種年輕人，當他工作不順利時，他沒有冷靜思考自己的問題，而是大量閱讀所謂的「成功學」書籍，然後幾乎狂熱

般地、堅定地認為自己一定會成功。於是，他不聽我的勸阻，毅然地辭職去創業。

本來年輕人創業也並非壞事，但他一沒有資金，二沒有專業，三沒有特長，四沒有人脈，甚至連創業從哪裡開始都不知道。於是，他每天到處跑來跑去，一會兒向別人借錢，一會兒又要別人和他一起創業，一會兒又想做外貿，一會兒又想做電商……

一年過去了，當我再次在街頭遇到他時，他頹廢的站在那裡。看見我，他說起了他的近況 —— 借的錢全部用完了，他仍然沒有找到創業的門路，女朋友也離開他了，現在連生活都成問題。

於是，我對他說：「以你的文憑，找到一份工作不難，為何不去找一個工作先做，累積一些資本再創業呢？」

他搖了搖頭說：「上班何時才會有錢？沒關係，我相信我會成功的。」

看他落魄成如今的樣子，還依然堅信自己一定可以「成功」，我就知道他已經中了「成功學」的毒。我知道我再說下去也沒有任何意義，我拍了拍他的肩膀，就走了。

本來，年輕人創業是一件值得鼓勵的事，但「成功學」卻把它包裝成一種「只要創業，就能成功」，這是一個和我們三觀背道而馳的世界：有錢才能自由，想要有錢，要先放棄自由。成功，已經把人變成金錢的奴隸了。

我經常聽人們說，現代社會有三種毒藥，分別是「消費主義」、「性自由」和「成功」。而在我看來，只有一種毒藥，且毒性最強，那就是「成功」。只要中了成功的毒，必然也會中另外兩種毒。因此，成功是毒素最高的現代毒藥。

高老師的幸福之道

成功學之所以大行其道，也從側面證實了教育有缺陷，過度重視應試能力，而忽略了素養教育，以至於人們不知道該如何面對失敗，只能聽信成功學家的話。成功學火熱的另一個原因，是人們對金錢的渴望，但是，有錢就算成功嗎？

成功的方式有很多種，成功也不是人生唯一的目標。但是現代社會卻把成功當成目標，如果有人中了「成功學」的毒，那就像罌粟一樣，會讓人上癮。

關於我們如何不再中「成功學」的毒藥，我也沒有一個準確的方法教大家。在這裡，我跟大家說一個《晏子春秋》裡關於「成功學」的故事，或許我們會有所啟迪。

一個名叫梁丘的人，十分欽佩晏子的才智和學識，對晏子說：「我怕是到死都無法跟先生一樣有才華了。」晏子立刻抓緊機會，為梁丘上了一堂「成功學」的速成課。晏子說：「為者常成，行者常至。」

這句話的意思就是，努力做事情的人，往往能做成；不倦前行的人，常常能夠到達目的地。

對於晏子的這句話，我非常認同。對此，我總結出三個成功的標準，這也是我倡導成功的幸福之道：

1. 成功沒有絕對的目標，沒有那麼庸俗的標準。「為者」可以「為」各種事，「行者」可以「行」各條路。
2. 不歧視失敗者，失敗了還可以走別的路。
3. 成功沒有絕對性，有可能成功，也有可能失敗。

　　也許你會覺得這麼說有點狡猾，「常」的可能性有多大？五成？八成？還是百分之百？現在的成功學只會找一些真假難辨的案例，讓你聽的迷惑不解，但是，晏子的成功學，簡單易懂，那是一種成熟的人生智慧。

　　最後，我想把晏子故事的原文摘錄給大家，讀不讀在於你：

　　梁丘據謂晏子曰：「吾至死不及夫子矣！」晏子曰：「嬰聞之，為者常成，行者常至。嬰非有異於人也，常為而不置，常行而不休者。故難及也？」

—— 摘錄於《晏子春秋》

04.
房子與幸福的無關聯，年輕人別墮為屋奴

高老師的幸福解析和情景再現

我們已經不是山頂洞人，隨便找個洞穴就能生活了，也不是原住民，懷揣著找一片空地就能造房子的絕技。因此，能有一個屬於自己的溫馨小窩，成為我們大多數人的願望。但是，商業社會和金融資本利用了人們這個普通的願望，構築一個永無止境的住房夢。人們也因為無數的消費引導，心甘情願的掉入房貸的陷阱，成為「屋奴」。

幾年前，當我在跟一個企業做培訓時，一位年輕的學員想要買房，下課時特意過來向我諮商意見，我就跟他聊了一下。我的主要觀點是：即使要當屋奴，也不要當年輕的屋奴。什麼是年輕的屋奴呢？就是那些工作時間不長，沒什麼收入，沒有支付房價的能力，還要向銀行借錢的年輕人。

說到這裡，我先跟大家說一說年輕人買房的好處。

買了房子，我們就能成立一個家庭；有了房子，也許房價會升值，也是一筆固定財產；有了房子，就有了安全感。

說完了好處，我再來說說壞處。

首先，無憂無慮，沒有壓力的日子不復存在，每天都要精打細算；其次，提升自己的機會少了，學習要花錢，投資自己也要花錢，這又是一筆支出；第三，輕鬆自在的心情沒有了；第四，再也不能為所欲為了，做事要三思，就算對工作麻木，想想高額的房貸，也

不敢輕易辭職了；最後，世界那麼大，只能想想了……

年輕人當屋奴最重要的，不是透支金錢，而是透支了自己的未來。本來，買房子的這筆錢可以拿來做其他的投資、獲得收益，但是當了屋奴，這種可能性變小了。如果沒有房貸的壓力，我們可以接受更多挑戰，換一個工作，說不定能闖出另一片天空；如果沒有房貸的壓力，我們可以出國留學，或者去學一個自己喜歡的興趣，Get 許多新技能；如果沒有房貸的壓力，我們可以好好地孝順父母，帶他們出去旅行……

30 年的房貸壓力，只有少部分人能輕鬆擺脫。對大部分人來說，傾盡所有，也只是當了 30 年的屋奴而已。我們都是血肉之軀，有誰能夠保證自己被老天爺遺忘，一切災禍輪不到自己？哪怕出現一點點小小的動盪，也許這點小動盪就是壓死屋奴的最後一根稻草。等我們還清貸款，我們恐怕已經年過半百了吧，只剩下夕陽和房子與自己作伴。

因此，對於那些把房子視為幸福之本的年輕人，我想說的是：不要太早成為屋奴，需要先把精力放在提升自己上，尋找最適合的個人發展方向。等有了一定的經濟基礎，再考慮買房。

孔子說：「三十而立。」這裡的「立」，我覺得不是成家立業，而是變得成熟，明白自己想要什麼，明確自己人生的奮鬥方向。在此之前，最好不要當屋奴。

高老師的幸福之道

政府的政策年年在變，商人的頭腦又豈是我們這些普通人能夠摸得清楚的呢？大部分屋奴恐怕是落入房地產商的圈套了。我們撇

開他們不談，就來說說我們自己吧！很多時候，買房子是害怕若現在不買，以後房價又更高了。但是，早早貸款買房，得到的很可能只是無法兌現的有限增值，失去的，可能是你的潛力，還有最寶貴的自由。因為，你被一間房子束縛了。

適當的透支是允許的，但是透支過度只會讓人喘不過氣，甚至危及生命。怎麼樣定義透支過度，取決於我們的經濟能力。

比如，要一個孩子提一桶水上樓，顯然超出他的承受能力。但若等孩子長大，也許提兩桶水都不在話下。

張愛玲說出名要趁早，但我說，當屋奴千萬別趁早！

05.
幸福感的兩元素：生活和比較的半斤八兩

開篇小談

我曾經在課堂上邀請學員和我一起討論什麼是幸福，結果顯示，很多人把幸福建立在和別人的比較之上。

關於對幸福的感受，根據我跟身邊許多朋友的溝通後發現，他們普遍感到自己最幸福的時光，反而是在那些貧瘠的歲月中。對此，英國某經濟學家指出：經濟成長儘管提高了個人的絕對收入，但卻由於相對收入的比較，而讓人們感到不幸福。

的確，現在我們身邊的人大多數是有房、有車一族，我們早已解決了衣食住行的基本需求。但是由於貧富差距的懸殊、比較的壓力、嫉妒的失衡，還有對生活的抱怨，反而加重了我們的煩惱，讓我們感到焦慮不安。

有很多關於「比較」的俗話，比如「不比不知道，一比嚇一跳」、「人比人、氣死人」等，就是說當我們不與他人比較時，我們可能沒有覺得不幸福；但是只要一比較，我們的心態就會發生變化。

這種比較的廣度，在生活中簡直無孔不入，小到一日三餐、服飾著裝、遊玩娛樂，大到工作、收入、房車、伴侶、孩子、父母⋯⋯等。同時，這種比較又極其漫長，它將貫穿至我們的一生。每個人生階段都有比較的內容，比出身、比功課、比工作、比伴

侶、比家庭、比孩子、比身體，甚至進入暮年，我們的墓地也要分個高下。

現在的同學會、同鄉會，無論是哪種聚會，都少不了互相比較、吹牛和炫富。這種比較常常讓我們感到不安、傷心、難過。

我們之所以感覺痛苦，是因為社會是金字塔形的，社會 90% 的財富掌握在 10% 的富翁手中。於是大多數金子塔底端的人都會有仇富心理，同時大多數人的仇富也會讓有錢人感覺到極為不安，從而導致整體社會成員幸福感下降。

【情景再現】

我有一個朋友，是一名老師，原本他過著清雅自樂的幸福生活。可是自從他參加完那次同學聚會，見到幾名富翁同學後，他開始擔憂起自己的現狀和未來，原本平靜安寧的生活被打破了。

原來，這幾名富翁同學，當年在學校毫不起眼，無論是才情、相貌，還是人品，都不值一提。但是，沒想到他們畢業後，經過多番洗禮，有的去做房地產、有的自己開公司……總之他們都成為身家上億的富翁。

他看看自己，一年的收入還不夠在臺北買一間房產。他感到絕望，心理開始不平衡了：「他們憑什麼可以賺到這麼多錢？我各方面都很優秀，卻與他們不是同個世界的人。他們現在擁有的財富，就算我奮鬥幾輩子，都無法擁有！我的人生方向是不是走錯了？」就這樣，在比較中，比出了怨恨，比出了憂愁，比出了煩惱，原本感覺幸福的生活，也開始變了味道。

高老師的幸福解析

最近幾年風靡的社群媒體，很多朋友喜歡晒旅遊照、晒美食、晒幸福，本來朋友只是想透過社群媒體向好友們傳遞快樂、分享美好，殊不知卻讓圍觀的好友傷了心。因為他們總愛拿別人的擁有和自己的缺失比較，原本幸福的生活，因為比較，變得沒那麼幸福了。

當有人指責晒幸福的人是得意忘形時，其實他的心理就不平衡了。別人晒幸福、晒美好，可能只是為了透過分享，獲得朋友的認可和贊同，發文的人沒有錯，錯的是帶著「比較」的心看世界的我們。

為了幫助朋友走出「比較」心理，重新找回幸福感，也為了幫助更多人獲得幸福，我對人們的比較心理進行了研究，發現我們之所以會產生「比較」心理，主要源於以下兩大原因：

▶原因一：我行不行，由你說了算

生活是否幸福，本來取決於我們自己內心的感受。但很多人卻將別人的眼光視為幸福與否的評判標準。比如我們用的手機是不是最新款；我們的手錶是不是浪琴或勞力士；我們的車是不是賓士或BMW；我們的職位有沒有升遷……

因為我們無法自我確定和自我肯定，只好用別人的眼光來肯定自己，所以即使生活超出支付和承受能力，也要打腫臉充胖子，硬著頭皮施行。

▶原因二：嫉妒，你不可以比我厲害

社會心理學對嫉妒心理的解釋是，一旦人們感受到他人優於自己，未來自己可能處於劣勢時，就會產生嫉妒。嫉妒其實是一種排

他和占上風心理，也就是我們受不了別人比我們厲害，尤其是原本處於相同程度的人比我們強。一旦我們感覺到自己可能會略遜一籌，就會心理不平衡。

其實尺有所短，寸有所長，每個人都有自己的優越之處，別人更不可能沒有，所以我們要相信每個人的獨一無二，強大自己才是關鍵。

正確的「比較」，會讓我們找到自己的不足，意識到與優秀的差距，從而奮發圖強；然而盲目的、過度的「比較」，則會讓我們的心理產生扭曲。

高老師的幸福之道

大部分時候，我們感覺不幸福，一半是源於生活的困境，另一半則來自於「比較」。然而，幸福沒有比較級，只有最高級。與他人比較的幸福，要麼是在別人的痛處上尋求自己的「幸福」，要麼是在別人的幸福之中傷害自己。

與其在與別人的比較中庸人自擾，不如正確了解我們的比較心理和對比較的看法。

人都有爭強好勝的一面，誰也不甘心後人一步，屈居下風。當我們在比較中感到自己處於劣勢時，不妨從多角度分析自己的現狀和優、劣勢，從正面的角度來改善和突破自己。自己與自己比較，當發現自己處於上升趨勢時，就是進步和成功。

對此，我總結了幾條關於改變「比較心理」的方法，你可以嘗試一下：

▶1. 你有我無，我有你無，一切都是相對的

當你羨慕別人有錢時，你有沒有看到他的生活，除了工作還是工作？

當你羨慕別人有權時，你有沒有看到他為了責任夜夜失眠、茶飯不思？

當你羨慕別人有名時，你有沒有看到他在出名前蟄伏了多久，才得以一舉成名？

就拿我來說吧！我從不認為自己是一名成功的培訓師。很多學員對我的「幸福之道」感到欽佩，以為我就是一股不竭之泉。其實不然，這件事對我來說，不斷督促我前行。在資訊爆炸的今天，學員們的認知越來越高，如何找到他們內心的痛點，分析他們的心理，引起他們的共鳴，找到他們需求的幸福之道，再用他們喜歡的話表現出來，真的很挑戰。

為了研究某一個幸福理念，我常常要經年累月手不釋卷，絞盡腦汁思考好幾個月，再反覆修改一兩週，不停上網查數據、閱讀心理學書籍，找身邊的人聊天、實踐，才能完成。

所以，世界上沒有一件事情是容易的。正所謂「想要人前顯貴，必然背後加倍」。

當看到別人收穫多是因為付出多時，你還會不平衡嗎？

還有，人生就如甘蔗，沒有兩頭甜。這方面好，那方面就有缺陷。

鄉下的人悠閒自在，但生活單調，缺少活力；都市的人為了方寸之地，雖然披星戴月的打拚，但他們對生活充滿熱情。

因此我們在互相比較時，不要老是用自己不好的一面跟人家好的那面相比，而看不到人家不如我們的地方。當我們知道凡事有得

必有失，人生注定不完美，看待事情就會全面一些，是不是就會心平氣和了許多呢？

▶ **2. 只要向上比較，就不會幸福**

對於「比較」，我們大多數人是因為處於劣勢而感到不幸福，但也有人處於優勢卻也很難幸福。這其中的原因，是因為他們擁有更高的期待，對於這樣的人，我給他們這個幸福公式：

這個公式的意思是說，用自己擁有的能力，減去更高的期待，就能獲得幸福。

在我為一個企業做培訓時，有一名很沮喪的年輕人找我諮商，他告訴我，他在公司裡一直處於中下游，為此感到非常痛苦。可是大家知道嗎？他所在的公司是世界前 500 大企業，而他所在的部門又是企業的核心團隊。

所以，只要我們向上比較，就永遠感覺不到幸福。因為強中自有強中手，別人可以的，我們不一定能做到，因為做不到，所以感覺不幸福。

▶ **3. 獨樂樂，不如眾樂樂**

社群媒體的貼文，對那些一味炫耀式的晒照，我是比較中立的；而對於那些以分享為主的晒幸福，我是比較欣賞的。

　　我有一個好朋友，家境很好，記得我第一次到她家做客，心裡頗有些不安。因為之前去別的富人家庭，他們總是一副高高在上的樣子，一言一行似乎都在告訴我：他們很有錢，他們的一切都是我不可能擁有的。讓我有一種格格不入的感覺。

　　但這位朋友非常熱情，她毫不忌諱的跟我介紹她家的各種寶貝，她老公則在廚房忙前忙後，做了各種好吃的來招待我們，她的孩子也大方的拿出各種玩具與小朋友一起玩耍。那天我突然明白了，不是說「財散人聚」嗎？原來物質是需要分享出去，才會感受到快樂。就像做了一道美食，最快樂的時候，就是看著一大群人一起樂滋滋的大吃。

　　每個人都需要被尊重，而人與人交往在於價值的互換，當你透過分享讓別人獲得價值，大家自然就會歡迎你。而如果我們孤芳自賞，只會吹噓自己的成功，自然得不到大家的認同。

　　因此，當我們超越周圍的人時，我們要做的是分享而不是炫耀，唯有這樣，我們才會得到價值展現之樂和尊重感激之樂。而當我們不如別人時，我們要做的是讚美而不是貶損，唯有這樣，我們才會有一種虛懷若谷的豁達之樂和上善若水的智慧之樂。

　　從現在開始，去對你的朋友說：「只要你過得比我好，只要你向我分享美好，我就會為你送上真心的祝福。」

06.
解讀幸福的方程式：效用／欲望＝幸福

開篇小談

　　如今，我聽到最多的一個詞，就是「幸福指數」。幸福是一種很玄妙的東西，它不像稻米、蔬菜、水果，能夠秤出斤兩；也不像竹竿、尺、鉛筆，能夠量出長短。那幸福又怎麼能用指數來衡量呢？這世上還真有這麼一個「幸福方程式」。

　　這個「幸福方程式」，並不是我發明出來的，我也是透過研究發現的。它是由美國經濟學家薩繆森（Paul Samuelson）提出來的，這個方程式是這樣的：

　　在這個方程式中，效用指的是我們手中的財富，轉化為物質或心靈上滿足的「量」。從這個「幸福方程式」中，我們可以看到，效用與欲望是成反比的，欲望越大，幸福感也就越小。究竟是不是真的如此呢？

【情景再現】

　　我認識一對夫妻，他們白手起家，透過賣早餐，賺到人生第一桶金。有了這筆積蓄後，他們便開了一家餐廳，並聘請一位手藝高

超的廚師，餐廳的生意也越來越好，很快就擴大店面，並在幾年後，又開了分店。

眾所周知，餐飲業是非常勞累並且忙碌的，為了照顧好生意，這對夫妻幾乎犧牲了一切時間，甚至連唯一的女兒，也常常無暇照顧。

在夫妻倆迅速累積財富的同時，他們的女兒也一天天長大，我和他們的女兒會時常勸他們：「不要太累，錢夠用就行了。」但這對夫妻哪肯聽我和孩子的意見，總是一心做生意，女兒一個月見不到父母幾次面，生活全靠家裡的保母照顧。

在缺少父母陪伴和教育的情況下，原本乖巧懂事的女兒，和一群小混混玩在一起，常常翹課、喝酒、抽菸，最後甚至染上毒癮……

一個原本幸福的家庭，就這樣走向破碎的邊緣。當這對夫妻向我討教如何重新獲得幸福時，說實話，我沒有一個確切的方法。我只能告訴他們：先關愛女兒，讓女兒重新感受到你們的愛。

高老師的幸福解析

如果我們有太多欲望，表面看起來，我們得到的東西有很多，但真正享受到的，卻只會越來越少，因為欲望已經占滿我們的心靈。物質可以靠不斷努力得到滿足，而心靈一旦產生空洞，卻永遠無法填補。

這正如我認識的這對夫妻一樣，在累積更多財富的同時，與金錢一起成長的，還有他們的野心與貪婪。為了賺取更多錢，他們犧牲自己的生活，甚至犧牲與女兒相處的寶貴時間。最終呢？孤獨的

女兒在迷茫中毀了一生，夫妻倆即使擁有更多財富，也無法讓一切重來了。

借用薩繆森的幸福方程式，我看到，對於這對夫妻來說，他們所擁有的「效用」，也就是金錢的使用率，是非常低的。忙於工作的他們，幾乎沒有其他任何時間享受金錢所帶來的便利，而且還忽略了最重要的親人。

所以，我說，這對夫妻的幸福指數非常低。

至於他們的女兒呢？我們都知道，對一個孩子來說，比起物質享受，他們更渴望來自父母的關愛和陪伴。很顯然，女兒得不到這一切，金錢根本無法帶給她這樣的「效用」，她渴求關愛的欲望，也得不到滿足。因此，即使有優越的家庭條件，女兒也感受不到幸福，最終在孤獨和迷茫中走上不歸路。

在如今的時代，金錢是一個永遠都說不完的話題，窮人想變富，富人想更富，不斷擴大的物欲充斥在社會的每一個角落。在貪欲的催化下，為了金錢，有的人可以無視他人利益，無視人格尊嚴，損人利己，無所不為，這種畸形的心理或許可以換來金錢，但同時也是自我毀滅的前兆。

所以，最後我想說的是：適當的欲望能成為我們奮發圖強的動力，但過多的欲望卻只會成為人生的負累，拖住生命前行的步伐，帶給我們無休止的煩惱與痛苦。

高老師的幸福之道

薩繆森的「幸福方程式」，其實早已揭示幸福的真諦：分子越大，分母越小的時候，幸福指數才會越高。這也就是說，當我們能

夠充分利用金錢，換來物質和心靈上的滿足，並盡可能地壓縮欲望，幸福自然也就會如期而至了。

　　關於如何控制對金錢的欲望，說實話，我沒有一個很有效的方法。我知道很多書籍或幸福之道的老師給的方法是：要學會知足。對於這個理念，我並不是完全認同。對於金錢的欲望，我們每個人都有，只是或大或小，它並非一句「要知足」就能控制住。我唯一想做的，是透過幸福方程式，讓你明白「欲望越大，幸福感也就越小」的這個道理。至於怎麼做，完全取決於你的認知和對本書的理解。

07.
生存尊嚴的重要性：錢是否是唯一的依託？

【情景再現】

很多年前，我去一家外商公司培訓，接待我的是一個非常年輕的女孩。這位女孩長髮及肩，一張標準的鵝蛋臉上有一雙大眼睛，透露著溫柔，她親切地自我介紹：「您好，我是這家公司的副總，我姓陳。」知道她的職位後，我非常驚訝。

培訓中途休息時，我跟她聊天。她跟我說起她在這家公司的工作經歷。

大學剛畢業時，她來這家公司應徵。面試時，當被問到期望薪水的問題時，她面無懼色，用一口流利的英語，開出 50,000 元的月薪。那個時候，50,000 元並不是個小數目。她的答案也讓老闆感到驚訝，跟她說，薪資能不能低一點，畢竟妳沒有任何工作經驗。

通常情況下，大多數人會適當降低自己的薪酬，期望得到這份工作。但是，這個女孩非但沒有，反而用流利的英語跟老闆說了一句話，大概意思就是，她之所以開這個價格，是因為她有自信，自己的工作能力值得這個薪資。

老闆最終被她的自信折服，她被錄取了，且老闆也沒有食言，每月 50,000 元的薪水，一塊錢也沒少。沒想到僅僅過了半年，她就被升為公司副總。因為她的工作能力的確非常出色，上司交代的任務，她都能滴水不漏的完成，且做事非常有邏輯、條理。

聽完她的故事，我好奇地問她：「妳大學剛畢業，為什麼要那麼高的薪水？」

她回答我說：「為什麼不行？我得生活吧？我得養我父母吧？我大概算了一下，我每個月至少要 50,000 元才能保障我的日常生活。」

我又問她，難道妳不怕老闆拒絕，妳就失去這個機會了嗎？她說：「我不怕，如果剛開始就羞於談錢，那就別指望老闆後來能幫妳加薪了。」

聽完女孩的回答，我被這個理論震懾了。看到我的表情，女孩繼續說道：「在現今的物質社會，談錢沒什麼好丟臉的。錢對每個人來說，都是最實在的保障，能維護每個人的尊嚴。」

後來的事實顯示，勇於談價的她，不僅沒有失去這份工作，反而發展得風生水起！

高老師的幸福解析

聽完這位女孩的故事，晚上回到家，坐在書桌前，我久久無法平靜。我仔細回想一下身邊朋友的經歷，發現這位女孩用行動證明了一個事實，那就是 —— 沒有錢做依託，我們談何生存的尊嚴？

比如，當我們找工作時，如果有一點點的膽怯或沒自信，對方都會狠狠地降低薪資，因為用最便宜的薪資僱傭到有能力的員工，是每個企業人力資源的責任。如果我們後來忍不住想調漲薪資，那就跟老闆直說吧！免得影響自己的工作效率，若不行，就另謀高就。

所以，我想說，大家談錢為何要不好意思呢？想賺錢又有什麼不對嗎？

在這個物質社會裡，什麼東西能帶給人巨大的安全感？我想有一個答案可能大家都不會否認，那就是錢。

如果我們應徵時不敢跟老闆談論薪資，最終只有兩種結果：第一，公司覺得你沒自信，懷疑你的能力，於是一再降低薪資，最後還不一定錄取你；第二，公司錄取你了，後來發現你工作能力真的不錯，於是沾沾自喜，原來得到一個這麼能幹的員工，只要開這麼低的薪水就可以了，接著同行也都會知道價格，反正就是這個薪水，你不做，自然有其他人願意做，那就更加薪無望了，最後吃虧的還是你自己。

我自己也經歷過一件跟錢有關的故事。

大學畢業時，為了找工作，我投了很多履歷。後來一家很知名的企業聯繫我，要我去面試。這家企業的辦公大樓非常高級，面試官對我也很滿意，覺得我完全能夠勝任這份工作，最後對方問了我一句：「你預期的薪水是多少？」

我考慮了一下，照市場行情及結合自己的工作能力，說出了一個價格。沒想到對方一直搖頭，說：「太高了。」我問他們：「那你們以往的培訓師薪資是多少呢？」他們說了一個很低的價格，我二話不說，拿起包包，轉身就走了。

曾經的我也覺得跟別人談論薪資滿不好意思的，那是因為我們不曾經歷過社會的洗禮，但現在我發現，談錢是我們最起碼的權利。沒有錢做依託，請問談何生存的尊嚴？我們拚命工作，終日奔波於家和公司，為的就是錢，不要覺得庸俗，因為有一天，你也會和我們一樣。

我們之所以羞於談錢，是因為我們沒有對金錢有正確的認知。

我們厭惡的不是錢，而是那些不擇手段的賺錢方式，和揮霍無度的浪費行為，跟金錢本身沒有任何關係。

　　現實往往是這樣的，家庭中敢談論金錢的人，基本上都有話語權；婚姻中敢談論金錢的女人，一定能自食其力；工作中敢談論薪資的人，大都非常出色。物質世界的你和我，也許做不到視金錢如糞土，至少我們能夠面對金錢，承認金錢對我們的意義。當我們承認了金錢的好處，我們會瞬間感覺很輕鬆。

　　相信我，當有一天，你跳槽或面試時，老闆問你的期望薪水是多少時，你真誠的看著老闆的臉，然後發自肺腑的說：「我沒什麼期望的薪水，我就是想賺錢，想跟著您賺大錢。」這時，不妨用餘光看老闆的臉，也許你會發現老闆正用讚許的眼光看著你。

高老師的幸福之道

　　現實生活中，很多人都認為金錢＝幸福，在這裡，我傳授大家的幸福之道，理念是：對於金錢，我們要有正確的認知。沒有錢，我們連最起碼的生活都得不到保障，談何尊嚴與幸福？但金錢並不是生活的全部，它也不完全等於幸福。我們要做的是，勇於談錢，並透過努力的工作獲得錢，讓我們過上幸福的生活。

　　關於如何利用金錢獲得幸福，我提出以下兩點建議：

▶ **1. 合理、正確的使用錢**

　　我們努力工作得到的錢，要合理使用，可以用它來享受生活，但卻不能享受過度，那樣，我們就會成為金錢的奴隸，永遠也得不到幸福。

▶ 2. 樹立正確的金錢觀

　　我們想要獲得錢財，要透過合乎道德與法律的正當途徑賺錢，並且把錢用在實現人生價值的地方，更者，如果我們擁有了更多的錢，我們可以把錢用到有利於國家、社會，有利於他人的地方。這樣，我們會感覺到無比的滿足，人生更有意義。

第 2 章
享受生活的藝術
── 眼前的苟且中尋找詩和遠方

對於生活的幸福之道，有很多雞湯文都在告訴我們，「只要努力，就能幸福」，但我卻不敢苟同。我認為生活的幸福之道，用一句流行的話來說，就是「生活不只是眼前的苟且，還有詩和遠方。」對於這句話，我的理解是：不完全否定現在，也不放棄對未知的追求，這才是真正的「不只是眼前的苟且」，才是真正該有的幸福。

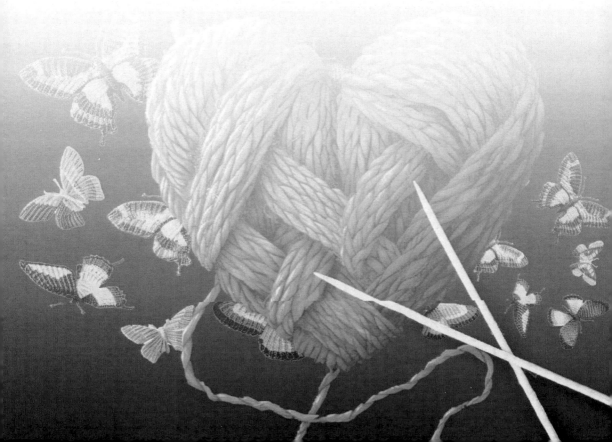

01.
拋棄「雞湯文」的枷鎖，避免「精神毒藥」侵蝕

│ 高老師的幸福解析 │

我不得不感嘆，「雞湯文」的生命力都能趕上變形蟲（amoeba）了。

我這樣說，並非完全否定「雞湯文」。其實，大部分「雞湯文」的出發點是好的，無非就是想帶給人們一些正能量，讓我們對未來充滿希望。在我人生的困境時，我也看過幾篇「雞湯文」，以獲取生活的信心。

問題是，透過我這麼多年對「幸福之道」的研究顯示，心靈雞湯對我們解決實際問題，一點用處都沒有。如果我們長期受到心靈雞湯的洗禮，會讓我們進入一個奇怪的狀態 —— 間歇性躊躇滿志，持續性混吃等死。意思就是說，我們每天看起來非常有信心，充滿正能量，但卻缺乏分析問題和真正解決問題的能力。

所以，我對這些「雞湯文」給出的評語是：它們能讓我們瞬間獲得信心，但過後則一切回歸原樣。偏偏我們喝下這碗雞湯的人，覺得味道還不錯，認為自己已經獲得正能量和信心。我把這種奇怪的狀態，稱之為「雞湯病」，它是需要治療的。

我覺得是時候寫點東西，把大家從自我麻痺中拉回來了。也許看完本節的內容，你會發現，所謂「心靈雞湯」，全是「心涼雞湯」。

高老師的幸福之道

▶1. 什麼是「心靈雞湯」？

首先，我來向大家解釋一下什麼是「心靈雞湯」？

我在各種圖書、臉書、社群媒體、搜尋引擎上縱覽各類型雞湯文，發現幾乎所有雞湯文的中心思想，都可概括為兩個「只要」：

1. 只要努力，就能成功；
2. 只要放下，就能快樂。

這兩大「只要」，可以說是雞湯文的「主導思想」，為了更生動的表現這種主導思想，他們還會在雞湯裡加一些富有感染力的小故事當「佐料」。故事中的常駐嘉賓有成功人士、智慧長者、佛門宗師以及我的朋友 A、她的女友 B……等人物。同時，為了讓雞湯容易消化，表達方式淺顯易懂，平凡中透露著不平凡。

我很難用文字來定義「心靈雞湯」，但當我們遇到「心靈雞湯」時，可以立刻認出來。那種感覺，用形象化的方式來說，就是：隔著文字我都聞到了濃濃的雞湯味。

▶2. 雞湯文的「毒」在哪裡？

既然喜歡雞湯是「病」，那就說明雞湯並沒有「那麼美味」，說不定還隱藏著「劇毒」。前文我提到了雞湯文的兩大主導思想，那麼接下來，我就來認真分析一下這兩大主導思想為什麼「有毒」。

雞湯毒一：只要努力，就能成功。

「心靈雞湯」最大的罪過，就是孜孜不倦的灌輸我們那些看似正面，實則扭曲的價值觀。

　　大部分的「心靈雞湯」都在用生動的案例告訴我們 —— 只要努力，就能成功。這種說法有一些可能性，身邊的確有不少透過努力獲得成功的人，這樣看來，這個論點是成立的。但是所見並不一定為實。我們是看到透過努力獲得成功的人，但是努力過，最後失敗的人更多。也許後者並不想跟大家分享自己的故事而已。

　　「心靈雞湯」的流行，恰恰反映出在我們的教育結構中，忽略了一個重要的環節 —— 如何接受失敗。

　　雞湯文中的「只要努力，就能成功」還有一種意思，就是我們做什麼事都能成功。換句話說，失敗的機率是可以降低的，一個人失敗，就是因為他不夠努力。在這種邏輯下，失敗彷彿成為一件不可饒恕的事情。但現實是，失敗是常態，成功才是偶然。

　　一個人能夠不斷追求成功，且正確面對失敗，才代表成熟。拒絕失敗，逃避失敗，其實就是拒絕進步，逃避自己。從這個角度來看，雞湯病患者就是一個個不成熟的孩子。

　　雞湯毒二：只要放下，就能快樂。

　　如果說第一條主導思想是放大了堅持和努力的作用，屬於「積極過度」，那麼這條主導思想，就是無限放大了「心靈」的作用，屬於「消極過度」。

　　比如，當我們看到別人很有錢，自己很貧窮，生活的不快樂，雞湯會說那是因為我們太貪婪了，人要知足，滿足了，就快樂了；比如我們失戀了，沉浸在悲傷中無法自拔，雞湯會說那是因為我們還愛，還沒有釋懷，還沒有放下，放下了，就快樂了；再比如我們剛剛經歷創業失敗，處於人生低谷，雞湯文會告訴我們，那是因為我們還沒看開，看開了，放下了，我們就又充滿鬥志了。

我們可以看到，一旦涉及心理和精神上的問題，雞湯就換策略，不說堅持和努力了，開始勸我們釋懷、放下。這不就是「宿命論」嗎？世界上所有的事情都是注定的，我們只能認命，接受老天爺安排的一切。這時，雞湯開始要我們學會「接受」，彷彿是在說：「認命吧！」

接受現實就是鴕鳥式的解決辦法，相對於這種逃避，我更願意面對現實，及時調整。如果難過，那就放肆流淚；如果開心，就拚命大笑。用心體會不同情緒帶給我們的不同感受，這種體會讓我們覺得這個世界更加真實。我們需要訓練自己「管理情緒」和「隔離情緒」的能力，「當下」最重要。總之，接受情緒讓我們成為真實的自己；而管理情緒幫助我們成為更好的自己。

▶ 3. 為何要堅決治療「雞湯病」？

雞湯文最厲害之處，在於能把兩種矛盾的思想融合在一起，形成一種看似「自治」的邏輯體系。也就是說，雞湯文讓我們感覺問題已經解決了，實際上，什麼問題都沒有解決。

當我們失敗了，雞湯文告訴我們「只要堅持，就能成功」；當我們準備放棄了，雞湯文告訴我們「只要放下，就能快樂」。認真想想，這樣問題真的解決了嗎？

更可怕的是，雞湯文還會引人入歧途。我身邊就有這樣的例子，我有很多朋友該堅持的時候不堅持，該放下的時候不放下。他們之所以做出錯誤的選擇，是因為長時間的逃避，讓他們喪失了分析問題的能力，另外，他們已經習慣從雞湯文裡找理由退縮了。

雞湯文傳遞的所謂「正能量」，無非就是給弱者一塊遮羞布而已。

　　最後，我忠心勸告讀者：請放下手中的「雞湯文」，停止服用「精神毒藥」，面對現實的世界吧！真實的世界必然不完美，但正是由於這些不完美，給了我們奮鬥的動力、改變的動力，讓人生更有意義，不是嗎？

02.
生活的豐富：超越眼前的苟且，尋找詩意和遠方

高老師的幸福解析

一次偶然的機會，我在社群媒體看到一句名言，這句名言是這樣的：「生活不只是眼前的苟且，還有詩和遠方。」

這句話在網路流傳開來後，被眾多網友玩壞了，其中毒雞湯的改法是：「生活不只是眼前的苟且，還有遠方的苟且。」

什麼是真正的詩和遠方呢？是說走就走的旅行？奮不顧身的愛情？還是更遙遠的未來？

聽到這句話，我們的第一個反應，也許是感動的無以倫比，大呼現在就要去尋找我們的詩和遠方，不再苟且。第二種反應是嗤之以鼻，認為自己出身書香世家，又讀了名校，才敢說不需要苟且，不買房，覺得這是「站著說話不腰疼」。

對於這句話，我認為所謂「苟且」，不只是柴米油鹽，「苟且」是已有的知識體系和框架，是需要我們去學習、更替的。「不只眼前的苟且」，說明眼前的也是重要的，當我們學習了現有的框架，不要完全被拘束，還可以以這個框架為基礎，去探索。

不完全否定現在，也不放棄對未知的追求。這才是真正的「不只是眼前的苟且」。

因為這句話，我在網路上查閱了一些資料，我也很喜歡以下這段話，寫出來與大家分享：

「歷史不是鏡子，歷史是精子，犧牲億萬，才有一個活到今天。人生不是故事，人生是事故，摸爬滾打，才不辜負功名塵土。世界不是苟且，世界是遠方，行萬里路，才能回到內心深處。未來不是歲數，未來是禮物，讀萬卷書，才看得清皓月繁星。」

走遍千山萬水，才能回到內心深處。表面文藝的背後，不乏生存的智慧。

每個人心裡都有一個夢想，我們要做的是不活在任何人設定的框架裡，不追隨任何人的腳步，尋找到屬於自己的詩和遠方。

高老師的幸福之道

關於如何找到屬於自己的詩和遠方，我透過近 10 年對「自我維護、心想事成」的研究和培訓，總結出以下三個方法，希望能幫助讀者找到屬於自己的詩和遠方，不只是眼前的苟且。

▶方法 1：當一個現實基礎上的理想主義者

大學時期也許是人生中最富有熱情、尊嚴、自由的階段，是避風港，有很多毫無拘束的夢想，每一天都覺得自己可以改變世界。踏入社會，我們努力變成一個大人，卻發現世界不以原本以為的那些方式運轉。

世界如此殘酷，我們要早早知道真相，但我們仍不能放棄。在我大學畢業後，剛進一家製藥公司培訓時，由於年輕，很少有學員會認真聽我講課。我就是一直堅持，我發給學員慰問郵件，並認真回覆每一位學員的問題。

不久後，我的堅持獲得回應，公司的學員們漸漸接受我，特別是一些剛進入職場的年輕學員，更是把我當成「知心姐姐」。

如果時光倒流，我的堅持沒有得到回應，我想，我也會一直堅持下去，我鼓勵現實基礎上的理想主義。希望我的學員們在不丟失理想的同時，先找到一份得以餬口的工作，先維持現世安穩。不挨餓，不受凍，住得舒適一點，逢年過節能為伴侶和家人買禮物，維持起碼的尊嚴。

在此基礎上，那些不滿足於僅僅「活著」的人，我希望他們去做一些更有影響力、對社會有益的事，不僅僅是造福自己一個人，或自己一家人。

這樣的努力，更接近我本人的想法 —— 讓世界因我而更美好。

現在說「理想主義」這個詞，很多人會覺得是以卵擊石。也許，以卵擊石都不足以形容執行時遇到的困難和懊惱。奮鬥多一點，期望少一些。

我尊重每個個體的選擇，如果你判斷自己會是這個時代的先驅者，是像太陽一樣發光的人物，那就努力去做太陽。如果自己只能當一片綠葉，那就努力去當最好的綠葉，做好輔助工具，能把他人襯托得更優秀，也是自己的幸運。

▶ 方法 2：世界那麼大，別老是躲在被子裡看手機

每一年，我會為自己安排至少 3 個不同地區深度旅行。比如去兒時夢想的校園走走，喝杯咖啡；去環球影城，沿公路開車旅行；去法國看歐洲盃、巴西看世界盃……這些童年時代就一直在願望清單上的地方，一一走過。

不去凡爾賽宮看一下，體會不到法國國王曾經的奢華；不從歐洲白朗峰 3,300 英尺的高空玻璃棧道上走一趟，很難體會向前一步的勇氣。

　　親眼看到、親身體會到的東西，和書本、電視上看到的不同，感受更為立體、真實。

　　世界那麼大，別老是躲在被子裡看手機。

▶方法 3：閱讀是內心的救贖

　　閱讀是一種自我拯救，當周遭的世界不太美好時，我們可以藉助閱讀，沉浸在想像的美好世界裡，對內心是巨大的安撫和淨化。

　　在研究幸福之道的過程中，我大部分時間都用來閱讀，如今我已經在該領域獲得少許的成績，但我依然在閱讀。有時，遇到不知道該用何種方式講解「幸福之道」時，我會深思，並拿起一本書，一邊看，一邊自我和解，和世界談談。

　　沒有獨立的精神，就沒有獨立的自我；沒有獨立的自我，就不能獲得真正的自由，只會是別人思想的附庸。

　　說到這裡，很多讀者會說：「我沒有想那麼多，也別跟我說什麼精神，我就是喜歡物質，就想賺錢。」我尊重你的觀點，我想表達的是：「若想從物質世界裡脫穎而出，首先精神要強大。」

　　每當深夜來臨，我會站在我家陽臺上看這座城市，感受到夢想的氣息。無數人為了夢想從四面八方趕來，我也是被夢想帶到這座城市的。我們還將繼續在這裡奮鬥下去，直到永遠。

03.
辨識自己辛苦賺來的是應得，別人給的是驚喜

高老師的幸福解析

生活中的安全感，一直是我研究幸福的重點。如今世界瞬息萬變，各種誘惑，各種自我，各種自由……安全感卻變得越來越奢侈了。以前我們說「女孩子工作能力好，還不如嫁的好」，這種觀念從本質上來說，就是有問題的。不信，可以看看我的周圍，那些嫁的好的女性，都過得幸福嗎？

這些年，前來向我諮商婚姻問題的人特別多，尤其是女性。她們很多人都是為了家庭、孩子付出自己最寶貴的年華，等孩子慢慢長大，丈夫事業有成時，唯獨她們自己沒有安全感。這種沒有安全感的焦慮，是我很難用文字來形容的，因為在沒有經濟底氣的時候，我們可能連抱怨的資格都沒有。

【情景再現】

我的一位學員，出於隱私考量，暫且叫她陳女士吧！就和我聊過這種感受。

陳女士隨丈夫來臺北打拚時，丈夫要她安心在家帶孩子，自己負責賺錢養家。白天，陳女士一人帶著一個牙牙學語的孩子在家，辛苦又孤獨，她既擔心老公的工作和收入，又覺得自己對家庭沒有

貢獻。她認為自己什麼都要靠老公，在家裡說話變得沒有分量，她感到非常不安。

慶幸的是，陳女士愛好寫作，她找到了一個既能發揮自我價值，又可以照顧家庭的方法。她開始發憤寫作，直到出版了自己的第一本書。她告訴我，自從她的書出版後，婆家的人都很尊敬她了，如今的她，已經轉型為一名職業撰稿人，無論經濟上，還是精神上，她都很獨立，和丈夫的家庭生活也過得無比充實和快樂。她再也不會沒有安全感了。

聽完陳女士的感受，我越來越堅定自己的想法：在這個世界上，沒有誰能給你安全感，只有當我們透過努力，提升自己的實力時，我們才會擁有獲得安全感的能力。

所以，最後，我想告訴大家的是：與其依賴別人，沒有安全感，倒不如依靠自己，努力給自己一份踏踏實實的安全感，比如你的工作、你的收入、你自己買的房子，至少這幾樣東西，永遠都不會背叛你。

請永遠記住：自己賺的是應得，別人給的是驚喜！

高老師的幸福之道

在這個世界上，沒有誰能保證一輩子都會照顧和幫助我們。唯一能依靠的，是自己的實力和努力，讓自己過幸福的生活。

在這裡我提供一種方法，這是一種從意識、情感和行為三方面去幫助人們獲取安全感的方法，這個方法包括以下五個步驟：

▶第一步：自立，擁有一份工作和穩定的收入

我媽媽在世時常對我說，「大樹下的小樹，是永遠長不大的」。如果依附他人來尋求安全感，那將永遠無法獲得。因此，我們要先

有自食其力的能力，找到一份自己喜歡的工作，獲得穩定的收入。工作不僅讓我們發揮自己的個人價值，還能讓我們獲得穩定的經濟來源，使我們可以有資本去追求想要的生活，提高生活品質。

▶第二步：自愛，強大內心、豐富自我

　　「花若盛開，蝴蝶自來」，自愛才會惹人愛，只有懂得愛自己的人，才會好好愛別人，同時，也會吸引他人來好好愛自己。

▶第三步：自信，開發潛能、提升自我

　　相信自己，自我驅動；發掘自己，成就自己。找到自己的優勢，盡全力發揮所長；發現自己的劣勢，修正缺點，隨時保持清晰的自我認知和目標設定。我們是完全可以自我成就的，千萬別低估自己，甘願圍著鍋碗瓢盆轉，而忽略了最美的自己。

▶第四步：自樂，充實生活、結交益友

　　要學會自我獲得快樂，安排自己的生活。擁有看書的興趣和愛好，有志趣相投的好友，可以呼朋喚友、喝茶娛樂、聊天逛街⋯⋯等。如果生活足夠充實和精彩，我們還會有時間去想沒有安全感的問題嗎？

▶第五步：自知，善於改變自己為人處事的方式

　　我們要想辦法認識自己，了解自己的需求，幫自己做好定位。不要自我設限，更不要人云亦云。學會自我擔當，善於適應和提升自己。如果我們都能與時俱進，又何必害怕被社會淘汰、被他人遺棄呢？自己掌握自己的命運，又怎麼會擔心沒有安全感呢？

04.
理論與實踐的差異：為何明白道理仍過不好這一生？

開篇小談

　　業餘時間，我會在我的社群媒體上發表文章。慢慢的，我發現，每當我寫一些自己的人生經驗和幸福之道的理念時，會收到不少留言：「老師，妳說的這些我都懂，能不能直接教我，在生活中該如何具體運用？」

　　每當看到這樣的留言，我不想去分析留言者的出發點是什麼，更不會在意他們這種行為是否恰當。會引起我思考的是：為什麼會有這麼多人覺得「道理我都懂」？你確定你真的懂？

　　每每想到這裡，一句很紅的話彷彿就在我耳邊迴響：「道理我都懂，為何還是過不好這一生？」

情景再現＋幸福之道

　　也許是我很早熟，我從讀小學時就發現，「懂道理」其實說起來容易，做起來卻非常困難。記得有一年放暑假的時候，我和朋友們出去玩，結果有個朋友的媽媽得了乳腺癌，她害怕的哭了。我蹲在她旁邊，不知所措，雖然不知道乳腺癌是什麼，看到她難受的樣子，我也急哭了。

　　那時，我以為哭就能體會到她有多難受。直到有一天，我爸爸讓我去樹上摘槐花，結果剛爬到樹上，就觸動了馬蜂窩，馬蜂向我

蜂擁而來，無數馬蜂叮得我刺骨的痛，摸著我頭上的大包，我才真正體會到那種痛苦。有些痛苦沒有親身經歷過，是絕對體會不到的。

長大後，當有人向我傾訴他們的苦悶時，我很少會說「你的感覺我都懂」這種話，小時候的經歷讓我明白，根本沒有什麼「感同身受」。如果我們沒有經歷過和對方同樣的事情，就說完全懂得對方的痛苦，簡直是信口開河。我的意思不是要大家不去安慰朋友，而是我們的安慰，不是因為我們「懂」，而是因為我們「關心」。我們可以「理解」朋友的痛苦，但我們絕對無法「懂得」朋友的痛苦。

這個道理，用在感情上、學習上也是一樣的。我有一個高中同學，現在他在一所當地最好的國中教書，除了平時正常的上課，每週末他還要為資優生補課。他非常注重基礎知識，因此在為資優生上課時，依然花不少時間講解基礎概念。但是資優生們並不領情，覺得他講的內容太簡單了，平時老師已經講過了。

隨著學生們的反映變多，他以為真的不需要再講那些基礎知識了。但是經過幾次小測驗，他發現這群資優生對基礎概念的掌握還是很欠缺，犯了很多簡單的錯誤，如果出題時將基礎知識稍做變化，學生的錯誤率更是顯著提升。

學生們自己認為基礎概念已經掌握了，但事實上，他們只懂得皮毛，並沒有真正把知識了解透澈。這種感覺我真是太熟悉了——我覺得書的知識點太簡單了，一翻書都會，每當考試時，概念都記得，但就是不會解題。考試結束後，打開書，又懂了。這種「懂得」，既不準確，也不全面，更別說是透澈了。似懂非懂，不是真的懂。

因此，我覺得「懂」這件事情是有程度深淺之分的。由淺到深可分為：了解、準確、深入、全面。當我們「懂」的程度達到深層時，我們就能舉一反三，融會貫通了。

其實，「了解」也是「懂」，但此「懂」非彼「懂」，淺層的「了解」和深層的「全面」，是兩碼事。我們自以為全面了解，其實只是了解皮毛而已。在知識的認知上都是如此，更別說懂道理了。

我再來說說我自己的親身經歷吧！肥胖不僅有害身體健康，對生活的各個層面都有影響。這個道理我知道，但是這種明白只停留在表面，如果不是那次打擊，我可能這輩子都停留在道理表面了。

生完孩子後，我的體重一度達到 75 公斤，我經常暈倒。正因為與死神零距離，讓我開始關注健康，關愛自己，當我再到醫院複查時，各項指標比以前好多了。我自己也體會到了變化。首先，精神面貌好多了，同事也誇我氣色變好了；其次，體重減輕了，我感覺自己身輕如燕。門外雖然是一樣的風景，但是我感覺一切都更美好了。

儘管現在我的身材依然有點微胖，但我的確減肥成功了。透過這次經歷，我徹底明白「懂道理」這件事，其實是非常困難的。

相信凡是減肥成功的人，都會有跟我類似的感受，但這種感受，沒有經歷過的人，是無法想像到的。因此，如果一個人從來沒減過肥，但是跟我說「你經歷的那些痛苦我完全懂」，我只會嗤之以鼻。

然而，好景不常，那次減肥成功後，我又慢慢胖了回去。當然，大多數是由於我自己的原因。生活習慣不好、工作繁忙、老是要應酬、缺乏鍛鍊……等。後來我知道，原來我是沒有把這次經驗變成自己的本能。

04. 理論與實踐的差異：為何明白道理仍過不好這一生？

　　我之前之所以可以減肥成功，是因為我自制力非常好，規律飲食、規律運動、規律生活，但是我並沒有堅持下去，等到體重減到目標後，我就懈怠了，所以體重才會反彈。因此，對於「肥胖有害身心健康」這個道理，我又理解的更深刻了。我明白想成功做一件事，光靠堅持是沒有用的，最好的辦法就是把堅持轉化為本能，這樣才能讓習慣更持久。

　　如果我們能做到把「道理」和「本能」合而為一，才是真正的「懂得」。古人說「知行合一」，大概就是這個道理吧！

　　我們再回到文章開頭的那個問題 —— 為何道理我都懂，卻還是過不好這一生？我想你需要先問問自己，道理，你真的都懂嗎？

05.
房子是租來的，生活則是自主經營的藝術

【情景再現】

剛北上工作時，我住在一個地下室套房，設備非常簡陋，只有簡單的木板床和舊桌椅，環境非常潮溼，這樣的居住環境是我從未經歷過的，為了生活，為了留在距離夢想最近的地方，我選擇接受。

好在我只在那裡住了一週，就重新搬到一個相對好一點的地方，這裡離上班的地方特別遠，每天坐車要將近一小時，公車上被擠成 S 形的姿勢，有時我都會懷疑我能適應嗎？在這種心態下，我就只把這裡當成睡覺的地方，因為這樣的地方實在無法被稱為「家」。我沒有在房間購置過多的擺設。晚上下班後，經常約大學同學、朋友出去逛逛，逛累了就回去睡覺。租來的房子，對我而言，不過是一個避免成為無處可歸的都市流浪人的暫居地。

後來，我認識了一位叫「安然」的女孩子。安然和我一樣，都是獨自在北部奮鬥的女孩，也住在租來的房子。但她每天都會晒出自己精心製作的健康食譜，那雅緻的桌布、精美的餐盤、用心擺放的食物，看起來是那麼美好。偶爾，安然還會把自己新買的擺飾、自製小書櫃的照片 PO 上網，贏得一個又一個「讚」。

我知道，網友們「讚」的不只是那一件件物品，在琳瑯滿目的商店裡，比它們更有趣的東西比比皆是，大家「讚」的是她對生活

的態度：「房子是租來的，但生活不是。無論我們在哪一個城市打拚，無論居住的環境多麼不堪，我們都要讓生活變得美好，動一動手，美好盡在眼前。」

翻看安然的動態，幾乎每天都有出租房裡的生活照。藍白色的窗簾，靜謐而恬淡；淡粉色的床單，溫暖而整潔；破舊的小櫃子被蓋上碎花布，變成小清新式的書櫃；布丁瓶裡放兩束路旁採來的小黃花，散發著生活的希望……那一刻，我突然意識到，生活原來還可以有另外的樣子，它與我們所在的城市、地點無關，與我們所住的房子大小無關，唯一有關的，是我們的心，我們選擇用什麼樣的方式去經營。

我開始重新設計自己的生活。認真地大掃除，買了一束我最愛的鮮花，擺在顯眼處，並買了幾盆盆栽，房子立刻有了生機，還買了一些有趣的壁貼……原來沒有活力的出租房，變成了溫馨的小家。置身在這個親手打造的小天地裡，我減少了外出遊蕩的時間，我對這個租來的家，有了一種歸宿感。

我知道，房子雖然是租來的，但日子始終是自己的。

歲月如梭，現今，我有能力住在真正屬於自己、更舒適的房子，感恩那段曾經的經歷，讓我慢慢懂得品味幸福。

高老師的幸福解析

在偌大的城市中，有多少人能夠像我一樣，穿透物質的外衣，看清生活的實質呢？太多的年輕人，都把對生活的熱情投入到想像的黑洞中，不停地告訴自己：「等我有了房子要如何」、「等我還完貸款要如何」……就是無法抬起手，先把廚房水槽裡放了幾天的碗

069

筷洗乾淨，就是對亂糟糟的客廳、臥室視而不見。我們總在想，在心願實現以前，湊合一下就好了。

我曾經在網路上看過一篇文章，其中有一段話我經常拿來講給學員們聽，這段話是這樣的：

「我們不能因為房子是租來的，就把生活過得也像別人給的一樣，隨時都可以拿回去……我覺得就是要活成另外一個自己，一個別人隨時可以拿走你的東西，但是永遠拿不走你生活的那個自己。丟了工作，可以找到一個待遇相當的；丟了愛情，可以找到一個對自己更好的。我們不是租了它們，而是我們有資格擁有它們，你說對嗎？」

高老師的幸福之道

房子是不是租來的，真的不是那麼重要。有房子的人很多，但不是每個人都能把房子營造出家的味道，這個世界有房子而不幸福的人到處皆是。說到底，生活過的是一種心情。我們有美好的情懷，再簡陋的家也能布置出藝術感；我們心態調整不好，住在別墅也一樣會發牢騷。不要再說有了房子、車子我們就會幸福，不要總覺得真的擁有了那些東西，生活就會大不同。誰又知道，那時的你，是否又對美好生活有更高的標準了呢？

06.
脫離「偽幸福」的陷阱，追求真實幸福的步伐

高老師的幸福解析

　　幸福，還是不幸福，有時我們似乎很難釐清自己的狀態，並給出一個準確的判定。我們發現，原來幸福和健康一樣，也存在一種中間狀態，那就是類似於亞健康（subhealth）的偽幸福。

　　所謂偽幸福，是指虛假的幸福，偽裝成幸福的一種不幸福狀態。類似於「亞健康」是介於健康與不健康之間的狀態一樣，患有亞健康的人群，他們總是感覺不舒服，但又找不出任何明確的疾病。而屬於「偽幸福」狀態的人群，他們在別人的眼裡，有明顯的幸福特徵，但他們自己卻很少感到幸福。

　　偽幸福存在於各類人群中，沒有高低貴賤、年齡、地域之別。比如，有一種偽幸福是貪官汙吏的幸福，當他們以權謀私、瘋狂斂財，拋去過程中的心驚膽戰後，享受的是極為奢華的生活，豪車美色、錦衣玉食、頂級物質、為所欲為的放縱，帶給他們片刻的幸福和滿足。然而好景不常，一旦東窗事發，鋃鐺入獄，那些曾經在他們眼中的「幸福」，已被打上問號。此時他們眼中的幸福，恐怕只是平常人家的日常生活：與家人團聚的安寧，與朋友聊天的閒適，隨意漫步的自由……這種普通百姓安詳、平靜、怡然的幸福，已然是他們可望而不可及的最大幸福了。

　　關於對幸福的認知，不同的人群有不同的理解，我們不能以財富

的多寡為幸福的評價標準。比如住豪宅的富豪，並不一定比住蝸居的平民幸福；天天吃魚翅、鮑魚，也未必就比天天吃青菜蘿蔔的人幸福。

我想告訴大家的是：幸福完全取決於個人的感受。當我們透過努力獲得富足的物質生活時，我們可以享受收穫的幸福；當我們的付出沒有回報時，我們也要能接受知足的快樂。為了追求幸福不惜一切，收穫的很可能是一種偽幸福。

「偽幸福」總在幸福與不幸間搖擺，讓幸福或不幸的人產生錯覺。就如昨夜還是春風楊柳拂面，今晨卻是白雪皚皚、寒風瑟瑟。偽幸福總給幸福一個致命的衝擊，它讓那些正享受幸福的人們暈眩，分不清東南西北。那些以擁有優厚富足的物質享受為幸福的人，在「偽幸福」中也倏然間感到茫然和痛楚。

【情景再現】

我的一個學員曾經跟我說過一個故事：

他的父親辛苦一生，只為了讓他和妹妹能過體面的生活。父親忍辱負重，做過搬運工、快遞人員、貨車司機……為了多賺錢，父親同時兼職幾份工作，每天休息時間不到 6 小時。隨著兒女們成家立業，父親終於實現了自己的夙願。

一年春節，當他和父親回到家鄉探親時，向鄰居們說起他在都市裡最開心的就是週末一家人到郊區玩，去摘野菜、摘各種水果。鄰居們不解的問他，你說的這些我們天天都在做啊？你辛苦多年，就是為了留在大都市，怎麼到老了，卻喜歡起農村來了，你是不是當初就不該去啊？

父親和他沉默了……

我記得臺灣創立濟慈醫院的證嚴法師，在一次講法時說過一句話：「有菜籃子可提的女人最幸福。」這句極為樸素的話，提醒每一個普通人，要學會珍惜身邊的幸福。

因為幸福不是追求金錢、名譽、地位，而是滲透在我們生活中點點滴滴的細微之處，幸福的滋味就在提籃子買菜、滿屋飄香的廚房煙火味中。很多人的生活，在外人看來是幸福的，但其實呢？

幸福就像我們腳上的鞋子，舒不舒服只有我們自己知道。真正的幸福與否，都是屬於自己的，不是裝給別人看的。只要自己對生活知足，擁有一種平和的心態，就可以跳出「偽幸福」的惡性循環。

高老師的幸福之道

幸福是什麼？我想這是沒有標準答案的。它只是我們每個人的獨特感受，只可意會，不可言傳，任何言不由衷和故作姿態，都算不上幸福。充其量，也只能算是偽幸福。

你，還生活在「偽幸福」中嗎？是不是也需要想想，該如何擺脫這種生活狀態呢？

關於如何走出「偽幸福」，我沒有行之有效的方法，但我可以告訴大家：對我們來說，人生中最重要的事情不就是吃飽穿暖、家人平安嗎？其實，擁有這些並不難，只是我們忽視了而已。如果我們為了追求名利，犧牲了陪伴家人的時間、健康，又談何幸福？

也許，我們傾盡所有，也買不起房子，但我們可以選擇租房，把房子布置的溫馨一些；也許，我們也買不起車，但我們可以選擇公車、捷運，想去哪裡都可以……我們是否真的幸福，取決於我們對待生活的態度，只要心境平和，就能真正的感受幸福。

第 3 章

警惕遠離愛的代價
—— 你的選擇是否使你遠離所愛？

在我從事心靈教練、教人自我維護、研究幸福之道的過程中，家庭幸福一直是我研究的重中之重。家庭的範圍很廣，我把親情、愛情、婚姻都歸在家庭之列。我們絕大多數人追求幸福的目的，就是讓父母、伴侶、孩子過上幸福的生活。但是，在追求的過程中，忽略最多的往往就是家人。本節，我將結合當前家庭中最容易出現的幾大問題來進行分析，向大家傳授家庭幸福之道，告訴大家如何獲得一個幸福家庭。

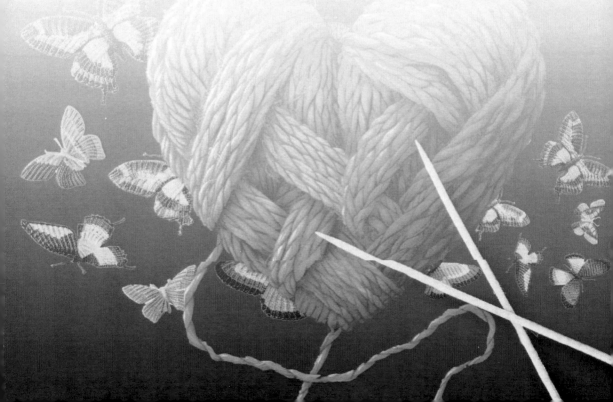

01.
孝敬父母的等待：天下最重要的事

開篇小談

在一次培訓課上，一位近 40 歲的學員，與父母的關係不好，很久沒有通電話了。我問他：「你覺得什麼是孝順呢？打算怎麼孝順父母呢？」

這位學員說：「儘管現在我跟父母的關係不好，但是我知道要孝順父母，我準備讓父母過好日子。我打算等我經濟富裕時，在北部買一間房子給他們住，也買一輛車子，每天給他們孝親費。」

我說：「你講得很好，但是你能保證他們活得到你有出息的那一天嗎？」

學員看了我一眼，默不作聲。我繼續說道：「本來他們可以活到 80 歲、90 歲，就因為現在你和他們溝通不好，讓他們為你的事業操心，心裡總懸念著，說嚴重一點，這可能在減他們的壽。你努力奮鬥沒錯；你將來有一天為他們買房、買車，給孝親費也沒錯；你爭一口氣，有錢再孝敬他們也沒錯。但為什麼不能一邊努力，一邊好好地與父母相處，讓他們為你的事業放心，讓他們少操點心呢？」

在課間休息的 20 分鐘裡，這位學員打了近一年沒有打給父母的電話。

我們常說，養育孩子的過程就是目送他離我們越來越遠。儘管很多父母都能理解並支持孩子去忙事業、忙家庭，然而在內心，父

母卻一直期盼孩子能夠多回來陪陪自己。在成長的過程中，我們每天都羅列了很多重要的事情，而陪伴、看望父母，卻很難成為一件必做的重點事項，我們認為這件事情不急，因為它可以等。殊不知，我們隨意的一個拖延，都會讓父母的等待變成泡影，他們默默承受著無盡的失望和孤獨。

【情景再現】

2009 年 3 月 3 日，我突然接到媽媽病危的通知，放下手裡的工作，我們一家三口匆忙趕回家裡。坐在車上，我的淚水不止。對我來說，媽媽是我的天，是我們一家人的調節劑。

然而，當我們回到家時，媽媽還是走了。在她去世的前一週，她還打電話給我，我們在電話裡商量今年要帶她出去走走，要買一件什麼樣的衣服給她……

握著媽媽冰冷的手，我嚎啕大哭，今年春節我只在家待了幾天，就出差了。如果知道媽媽就這麼走了，我會多陪她幾天，我會帶媽媽去做她想做的事。媽媽每天都在交代我要注意身體、小心著涼、不要太累、少熬夜、好好工作……我聽多了，總嫌媽媽囉嗦。但當她閉口的那一刻，我才發現，還有很多話來不及聽，來不及問，來不及跟媽媽說，媽媽走的時候，沒有留一句話給任何人。

很長的一段時間，我們都接受不了媽媽離開的事實，很難走出這種悲痛。爸爸經常哭著說：「我都想好了，如果妳媽媽不能走，我會用輪椅推著她啊！她怎麼就走了？」那種無法挽回的親情，經歷過才會懂。慢慢的，我們逐步接受媽媽已經離開的事實，我們努力過好接下來的人生。

　　孝敬父母是天下最不能等待的一件事情。親愛的讀者，我在這裡以我自己深切失去親人心痛的經歷，分享給有緣的你我：孝敬父母不能等，要不，就來不及了！當你看到這裡的時候，如果父母還在，停下來給他們打一通電話，聊聊當下的開心事，雖然父母不一定懂，但他們會非常開心。我一有時間就喜歡打電話給我的老父親聊聊天，聽到父親那欣喜的聲音，我非常感恩我能明白這些。我的父親非常用心的過好他幸福的日子，他重建了一個家，我們非常敬重他。他一生經歷了風風雨雨，2 歲時就沒有了母親，後來被爺爺賣到很遠的地方，家人不同意，又重新贖回來。父親一生特別爭強、自立，在任何環境都不放棄追求更好的生活，我從小都是在父親的教育下成長的，他是一個執教 30 多年的優秀教師，他是我一生的榜樣。

　　前不久，我的一位朋友突然回國，接到他的電話時，我頗感意外。因為他在紐西蘭已定居 10 年，全家都辦好了移民，工作、生活都很幸福。我萬萬沒想到他會選擇回國。

　　朋友說，他原本計劃將父母一起移民過去，但父母不太適應那邊的環境，又擔心給他造成太大的負擔，堅持留在國內獨自生活。而自從朋友辦理移民後，每次回國滯留的時間都受限制，他說現在父母都年過 70 了，想想自己每年與他們在一起的時間真是少的可憐。

　　最近他身邊的朋友常常接到電話就回國了，多半都是家裡的老人重病或病故。失去父母的朋友，總是懊悔莫及，覺得在父母有生之年未能盡好孝道。這樣的訊息聽多了，朋友開始害怕接到家裡的電話，他想著自己的父母還健在，他不能再等了，一定要好好的、多多陪伴他們走完人生最後的一段路程。

朋友的父母常向兒子開玩笑，說他們是黃土埋到脖子邊的人了，多年來朋友雖然努力求學，成為父母的驕傲，但他自從 18 歲到外地讀書開始，這幾十年來，與父母在一起的日子加起來不超過一年。父母漸漸老去，他卻沒有為父母端過一杯水，煮過一頓飯，洗過一次衣。

父母健在，人生尚有歸途。朋友決定趁父母健在時回國，彌補多年來對父母的虧欠。如果有生之年，他還可以陪伴父母去他們想去的地方，做一些讓他們開心的事情，讓父母幸福的走完人生最後的旅程，他覺得自己不僅幸福，而且會不留遺憾。

聽完朋友的一番話語，我慶幸他能早早明白這個道理 —— 孝敬父母是最不能等的一件事。

高老師的幸福解析

相信很多人都有這樣的經歷：

填報大學志願時，我們希望學校離父母越遠越好。如願進入大學，擺脫了父母的管束，我們就像脫韁之馬，肆意享受自由的快樂。一開始我們還會隔三差五的跟父母通個電話，熟悉大學校園後，我們整天奔走在社團活動、交朋友、旅遊、運動、考試等豐富多彩的活動中，有時甚至跟父母零溝通。有不少父母說：「我家孩子只有等到沒錢了，才會打電話給我，所以我每次都會少匯點錢給他，這樣他就可以常常打電話給我們……」，每每聽到這樣的話語，我的心都會一陣陣刺痛。

就這樣，在我們的青春歲月裡，父母被存放在一個小小的角落。

然而，我們並沒有覺得這麼做有何不妥。因為我們長大了，我們有自己的事情要做。於是第一個寒假，乖乖回家待了幾天，就忙著去見那些老朋友、老同學；暑假的時候，為了增加實習經歷，跟同學一起在外實習打工；第二年，去更遠的地方實習；第三年，談戀愛了，結伴去旅遊；第四年，為考研究所而留校學習；第五年，如願考上了，但多數時間都需要和教授一起考察、研究……總之，我們開始逐漸遠離父母的視線，遠離父母對我們的愛。

有時候，在街上看到與父母年紀相仿的人，我們也會想起遠方的父母，想與他們一起聚聚。然而，這件事與工作和學業相比，大多數情況下，我們會果斷選擇後者，我們將陪伴父母安排在自己功成名就的時候。

終於，我們步入了職場，成為一個獨立的社會人士。比起學生時代，我們更忙了，從此沒有寒暑假不說，為了打拚出自己的一方天地，我們披星戴月，生活的主題不是工作就是學習。迫於就業和生存的雙重壓力，回家看望父母這件事，幾乎被我們忽略。

當工作逐漸穩定後，我們幸運的遇到了生命中的另一半，此時我們的眼裡只有對方，恨不得把所有時間都留給他（她）。接著我們結婚了，有了孩子，建立了自己的小家庭。在這個小家庭裡，我們甚至忘了預留父母的位置，但父母的家裡卻永遠有我們的位置。小家的溫馨和家庭的責任，讓我們更忙、更累了，回家看父母竟成為奢望，漸漸變成了「淡忘」，再後來就變成「無所謂」……

然而，我們可能想不到，有多少個節、假日，遠方的父母都會靜靜的打掃我們曾經住的房間，翻看我們的照片和留在家裡的物品，回憶以前那個家庭的溫馨，流下思念的淚水……

　　看到這裡，你是不是有點難過，感到愧疚於父母？其實就算我們再忙，也是可以抽出時間去看望一下父母。無論如何，也不會忙到一點時間都擠不出來，那不過是我們為自己找的藉口罷了。不要等到我們年老了，感同身受後，才醒悟當初的不孝。父母在一天天變老，我們要盡量讓他們活得開心一些。

　　我們完全可以避免「子欲養而親不在」的遺憾和痛苦。有人曾對我說過，如何判斷父母年紀大了？那就是他們變嘮叨了，很多容易的事情也不會做了，常常跟小孩子一樣糊塗和幼稚，這時的父母就像我們小時候一樣，需要我們的關愛和照顧。

　　年輕時，他們為了兒女，再苦、再累也會撐起一片天。年老了，他們卻小心翼翼，生怕做錯事會招來孩子的批評，只要孩子一點點的關愛和理解，他們臉上就笑開了花。此時的父母，需要並等待著我們的關愛和理解，這是最基本、最樸實的反哺之情，人之常情。

　　對於父母，我們並非沒有孝敬和關愛之心，只是我們常常以為我們還可以等，我們還有機會，我們總希望等到自己成功時，再去回報他們。然而比起大房子，比起錦衣玉食，比起無盡的等待……父母更希望在有生之年，在每個團聚的日子裡，可以看到自己的孩子，可以跟孩子一起吃飯，一起聊天，僅此而已。

高老師的幸福之道

　　對父母來說，他們的幸福就是天倫之樂。身為兒女，我們不能讓父母在無盡的等待中失望、傷心。我們完全可以避免「子欲養而親不在」的遺憾和痛苦，所以，從現在開始，就從這一刻開始，孝敬父母吧！

　　那麼，我們到底該如何孝敬父母呢？其實，對於這個問題，很難有精準的回答，以下兩點是我在多年對父母孝敬之中總結出來的，希望能夠幫助到讀者。

▶ 1. 定期溝通，定期資金支持

　　若不在父母身邊，記得一週打一、兩通電話，聽媽媽嘮叨嘮叨，聽爸爸說說家常話。在節日時，記得送禮物給父母，給他們一份驚喜，就像小時候他們為我們慶祝生日一樣用心。春節時，一定要盡可能與父母團聚在一起，團團圓圓，這是對家中父母最大的安慰。

　　也許父母可以自給自足，但我們也要根據情況，為父母寄些生活費，讓父母得到心理上的安慰。自從我媽媽去世後，我定期為爸爸寄一些他能用到的物品，也許金額並不多，但卻能讓爸爸感覺到我對他的愛。

▶ 2. 協助父母獲得健康

　　關於如何協助父母獲得健康，我經過多年幸福之道的研究，總結出一個祕方，叫「健康 3+1」。

　　一是飲食調節：告訴父母注意飲食，以粗糧、蔬菜為主。

　　二是心態平和：讓父母保持心態平和，不做惹父母生氣和操心的事。為了幫爸爸走出媽媽去世的陰影，我經常陪爸爸散步，在散步時，和爸爸聊些家常。

　　三是鍛鍊身體：讓父母適度鍛鍊身體。對老人來說，有一個經驗，不要早上鍛鍊，建議傍晚鍛鍊。早上鍛鍊很危險，早上起來，人的生理時鐘規律是體溫高、血壓高，而且老人的腎上腺素比晚上高出 4 倍，如果做激烈運動，會很不利。

　　四是定期檢查：每年帶父母至少檢查一次身體，早發現、早治療，沒有問題心更安。

　　其實孝敬父母是一個誰都會，且誰都擁有的技能。無非就是趁他們體力尚存時，陪他們出去走走；在他們身體健康時，帶他們去體驗不同的美食；在他們還能感受到兒女的關愛時，多多關心他們。常回家看看，就算是跟老爸老媽說說話、聊聊天，也會讓年邁的父母少一點孤獨和寂寞、失望和等待。

02.
愛的補償：縫縫補補的愛也能找到幸福

開篇小談

　　在臉書、社群媒體上，經常看到有人將受傷的婚姻比作衣櫥裡一件曾經寵愛的舊衣，既穿不出門，又沒辦法丟棄。丟了覺得可惜，穿出去款式又太落伍；放在衣櫥裡占據空間，讓新裝沒有位置，等待潮流復回，卻不知道要到何年何月。

　　對於這個比喻，我看到很多人在下面「按讚」表示認可。這個比喻雖有幾分形象，但我認為婚姻與舊衣卻有本質的不同。婚姻歷經的是歲月，它承載了兩個人相愛相守的時光，舊日溫馨的回憶，已刻入歲月的烙印。

　　相信所有選擇進入婚姻的人，都希望自己以後的生活能夠幸福。但是，當有一天婚姻出現紅燈，我們是選擇緊急撤退，還是為自己的心理準備一段從失落到獨立的過渡期？

　　現今的離婚、結婚手續越來越簡便，有多少衝動、草率的夫妻，一紙婚約從此淪為陌路人。沒有迂迴曲折的磨練、沒有寬容耐心的修補，當有一天後悔當初的簡單和直接時，一切都已覆水難收、物是人非。

　　所以，當婚姻出現危機時，可以嘗試先讓它緩一緩，讓時間先來治癒。當我們平靜下來，客觀的看待和分析一切問題，我們做出的決定，才會是理性而客觀的，才不至於在未來讓自己感到後悔。

【情景再現】

我有一位鄰居，他們夫婦倆都是退伍軍人。轉職後，因為丈夫深愛著妻子，他們決定回妻子的家鄉定居。

為了照顧岳母及家人，他們在市中心買了一間樓中樓，一大家人幸福的生活在一起。

然而兩年過去了，丈夫開始不開心了，岳母常常在家裡招待親友，鋪張浪費不說，生活習慣也不好，每天家裡就像對外營業的餐廳，弄得男主人完全沒有自己的空間。而他的妻子卻從不聽取他的意見，支持岳母的一切行為，反而責怪丈夫小氣。丈夫在家裡越來越沒有話語權，他開始迷上麻將，將大把時間花在麻將桌上。

接著輪到妻子不滿了，夫妻倆因為生活瑣事不斷爭吵，最後鬧到要離婚。但看著正要上小學的兒子，丈夫有點不捨。他找我談心，告訴我他的計畫，準備一個人回到老家，重新開始。看著40多歲的他，我問他：「你真的確定要離婚嗎？你是對你妻子不滿，還是對你岳母不滿？」他回答說，因為妻子太善良、太孝順了，什麼都順著岳母，他不想再容忍了。

我建議他，有問題要先想辦法解決，而不是賭氣，想辦法跟岳母分開住，不就可以解決這個家庭矛盾嗎？

幸運的是，他採納了我的勸說和建議，現在一家人生活的幸福又溫馨。

高老師的幸福解析

我們常把婚姻比為腳上的鞋，當鞋子磨腳時，不要先想著甩掉鞋、換鞋。因為這雙鞋子也是有成本的，是我們付出代價、購買回

來的；再說就算換了新鞋，剛開始也會磨腳。如果鞋磨腳，可以想辦法先處理一下，比如在腳後跟貼上 OK 繃。所以，當婚姻出現傷口時，先找一塊「OK 繃」，把傷口貼上，緩衝一下，再做決定。

那麼，婚姻中的「OK 繃」到底是什麼呢？其實就是在衝突和問題來臨時，先讓自己冷靜下來，找到變通的辦法，給自己和對方一個緩衝的機會。或許冷靜過後，雙方進行溝通和交流，就可以找到問題的關鍵，然後解決問題。

愛情初始的滋味，除了熱情，就是甜蜜。然而再濃烈的熱情，也會轉為平淡。婚姻的小船最終都會駛入平靜的港灣，有些追求熱情、刺激的人會摒棄婚姻，他們只在寂寞難耐時找個伴侶相互依偎、取暖，不需太久，寂寞過後就瀟灑轉身。這種自由和灑脫，讓很多進入圍城的人羨慕不已，他們希望自己也能有機會可以在婚姻之外尋找熱情，重新體會愛情的狂熱。然而他們一旦越入雷池，卻又不得不品嘗它所帶來的苦果。

有多少幸福美滿的婚姻也未能逃脫出軌的魔咒？我們甚至懷疑婚姻裡是否還有愛情的存在。當婚姻出現裂縫和危機，我們往往無所遁形地想逃離，然而還是逃離不了支離破碎的傷心。

出軌後，我們的婚姻怎麼辦？

由於愛情的排他性和獨占性，我們無法接受背叛方的不忠，更無法接受旁人的非議。無論捨棄還是繼續，我們都必須接受傷痛的洗禮。

在婚姻的紅燈區，我們陷入兩難的境地。該如何愛，才能最接近幸福？

婚姻將兩個人連線在一起，從此共享風雨，榮辱與共。誰都有

出錯的時候，如果可以包容，又何必選擇計較？幸福需要兩個人的經營呵護，如果我們始終相伴相依，別人的看法就無法瓦解我們。如果我們內心的陰鬱恰好與外界的滋擾相契合，那說明這個問題需要讓時間去化解。走走看也許會是最好的選擇，不是嗎？

　　我這樣說的意思，並非要所有人都原諒婚姻出軌的一方，而是在出現這種情況時，能夠冷靜下來，思考一下：我們的婚姻是否還有修補的必要？如果有，就算留有痕跡，一樣也可以繼續。最重要的是，這件珍貴的東西還屬於我們，而經過這番修補，這處裂痕反而會固若金湯；如果沒有，那麼請趁早丟棄，去尋找另一片天空。

高老師的幸福之道

　　當婚姻出現問題時，我們不必錙銖必較、衝動離婚，要學會接受白璧微瑕的遺憾。給自己、也給對方一個機會，讓我們給愛一個機會。有時候，「修修補補」的愛也能照見幸福。

　　至於如何「修補」？我經過近幾十年的探索、實踐、驗證，終於找到了一種簡單、實用、有效的方法：

▶1. 默念「對不起，請原諒，謝謝你，我愛你」15 ～ 30 分鐘

　　這個方法就是每天找一個安靜、獨處的空間，默念自己的名字或讓自己放不下的人或事，再默念「對不起，請原諒，謝謝你，我愛你」15 ～ 30 分鐘。

　　這個方法我自己使用過，幫我一次又一次化解危機。我教給很多有緣的朋友，曾有一位珠寶商朋友特別興奮的和我分享，說這個方法太有效了。有一次，她和老公有點不愉快，她老公離開了家，

把三支手機通通關機。朋友很牽掛，心裡非常無助，當她打電話向我求教時，我立刻把這個方法分享給她。第二天早上通話時，她非常感恩的說，她老公已經平安回來了，她前一天用那個方法後，慢慢恢復了平靜，放下了擔心，好好的休息了一下。

我曾經在授課時，遇見一個剛剛失去另一半的女士，她整個人悲痛欲絕，很難走出困境，跟兒子的關係非常緊張。當她聽到這個方法時，猶如抓住了最後一根救命的稻草，努力實踐。短短一個月左右的時間，她猶如換了一個人，整個人神采奕奕，她非常感恩的拉住我的手，不停地說：「謝謝妳，高老師！」

這個方法最核心的地方，就是停止抱怨，停止憤怒，用愛來化解曾經的負能量情緒。這個方法是關閉負能量的開關，切換到正能量的頻道，開啟正能量的裝置。它曾經被科學家用來治癒很多重症病人和犯人，我們普通人用這個方法，就可以徹底化解心理的陰霾，輕鬆過上幸福、喜悅、富足的人生。當更多人學會這個簡單實用的方法時，就會讓他們輕鬆擁有正能量。

這個方法用在夫妻之間，可以讓夫妻重新回到初戀的甜蜜，讓夫妻成為一輩子的情人；讓夫妻之間充滿愛和感恩，愛和感恩可以解除夫妻間所有負面能量；可以讓男人越來越懂得關愛對方，可以讓女人綻放，可以活出魅力，可以成為好女人。這個方法讓我們擁有的愛始於愛，發自內心，且能療癒彼此的心。家和萬事興，內心寧靜，夫妻的能量等級就越高，身體和事業也會越來越好。這種愛的能量場純淨，會讓我們吸引更好的事物到生命中。

這種方法用在孩子身上，可以讓我們停止對孩子一味的指責和抱怨，它讓我們活成愛的使者。孩子最容易接受到愛，當和孩子之

間充滿這種愛的呵護時，孩子開啟愛的心門，會讓愛在父母和孩子之間形成龐大的循環，這份愛讓家裡充滿希望，充滿活力，充滿幸福。

這份愛用在和長輩相處，更是一種極大的妙用。我曾經把這種方法用在父母身上，和父母的關係非常融洽、和諧，整個家庭因為這個方法變得其樂融融，笑聲不斷。

▶2. 發掘對方的優點，用自己的優點來彌補對方的缺點

以前我們經常盯著對方的缺點耿耿於懷，用自己的優點和對方的缺點相比，這樣心理越來越憂鬱。當換成這個相處模式時，瞬間開啟了對方，讓對方不斷看到自己閃亮的地方，讓自己也不斷成長，形成一個相互欣賞的能量場，這樣就能讓彼此的正能量循環，雙方都可以越來越好。

最後，請記住：只有經歷過千迴百轉，你才會懂得，中途那些枝枝蔓蔓，需要你與他一起在那段時光裡披荊斬棘。

03.
為孩子堅持婚姻：真的能確保幸福嗎？

| 高老師的幸福解析 |

去年某天，我接到一個學員的電話，她曾多次與我進行交流、諮商，這次她在電話裡說，她終於離婚了，三年來第一次睡了安穩的覺。

三年前，她發現老公和別的女人在一起了。她雖然很傷心，但想到近 20 年的感情，且自己也已經 40 多歲了，所以她一直想辦法挽留丈夫。為此，她不惜一切地討好丈夫，為他改變。但丈夫的心始終像鐵一樣冰冷，不為所動，於是她想到了離婚。

然而，當離婚的念頭一閃而過時，她馬上又想起了讀小學的女兒。她知道和出軌的丈夫離婚，自己什麼都可以割捨，唯獨女兒是無論如何都無法捨棄的。雖然丈夫算不上一個合格的丈夫，幾乎沒有完整地陪女兒度過一天。但畢竟他是女兒的爸爸，為了給女兒一個完整的家，她只好含著淚和丈夫過著名存實亡的日子。

只是，她的每一天都像在刀尖上行走，極度痛苦。就在這時，她透過朋友找到了我，向我諮商她該如何解決。聽完她的敘述，我請她思考三個問題：

◆ 問題 1：妳的丈夫會不會回頭？如果會，妳需要等多久？妳覺得這樣的等待值得嗎？

◆ 問題 2：妳為了孩子選擇不離婚，那麼妳的孩子現在快樂嗎？

◆ 問題 3：如果離了婚，妳和孩子會不會更快樂一些呢？

對於這三個問題，我告訴她，不用馬上回答我，可以回去好好想一想，但時間不要超過 20 天。

半個多月過去了，正當我快遺忘這個故事時，她打電話給我。在電話裡，她告訴我，她已經決定要離婚了，而且越快越好。我問她，妳不再猶豫孩子的問題了嗎？她說，這樣的生活，不僅她不幸福，孩子更不幸福，只有離開他，才能給女兒一個健康的成長環境，才能讓孩子獲得快樂。

電話中，她給了我一種幡然醒悟的力量。

又過了三個月，她再次打電話來對我表示感謝。她說，如今的她終於睡了安穩的覺，沒有丈夫的一夜不歸，沒有丈夫的無理取鬧，她也不再偷偷流淚了。更重要的是，女兒的情緒也好了很多。

最後，她還告訴我，儘管她已不再年輕，但為了孩子，她不會再輕易走進一段婚姻，她會努力找到一份工作，為女兒創造良好的生活條件。她還說她加入了一個單親媽媽的社團，裡面都是一些樂觀、快樂的單親媽媽，她們都曾經受過傷害，但為了孩子都選擇了堅強，如今也都已重新找到幸福。

掛上她的電話，我真的為她感到開心，因為她終於從不幸的婚姻走了出來，不再為孩子而選擇無休止的容忍。所以，我想問問那些僅僅是為了孩子而選擇不離婚的人們：為了孩子不離婚，你們真的能幸福嗎？

在孩子成長的過程中，受三個環境的影響最大：家庭、學校和

社會。學校與社會往往存在許多不可控的因素，不由我們來決定。然而在家庭這個環境中，我們如何實施對孩子的教育，主動權幾乎完全掌握在我們手中。如此說來，孩子許多終身無法改變的習慣，是在家庭中養成的。因此，我說家庭因素對孩子的影響是第一位的，也就是「父母是孩子的第一任老師」。

如果把孩子比喻成一棵幼苗，那麼父母就是土壤和養分，而和諧的夫妻關係，就是培養孩子最好的土壤。可是現實生活中，很多夫妻不斷在爭吵，挑剔對方的錯誤，甚至打架、暴力、分居，並沒有為孩子提供所需的養分和土壤，在這種情況下，幼苗怎樣才能茁壯成長呢？

所以，如果天天爭吵不斷，無論如何也修復不了，那麼我的建議是：趁早離婚。為了你和孩子的幸福，這是一個最好的選擇。

近幾年來，前來向我諮商的人中，有很大部分都有一個共同的問題，那就是夫妻關係不幸福，想離婚，但是又擔心對孩子有影響。

關於這個問題，我想我是有很大的發言權的。

【情景再現】

2015 年 7 月，丈夫向我提出了離婚，那個階段對我的人生來說，是一個很大的挑戰。我難以接受，認為自己苦心經營多年的婚姻還是走到終點，內心痛苦不已，不知道該如何和女兒度過接下來的生活。

然而，讓我意想不到的是，女兒在聽到我們決定離婚後，冷靜地對我說：「媽媽，妳快睡覺吧！我愛妳。」雖然為了不讓女兒擔心，

在早先我和丈夫的婚姻出現問題時，我們一直避免在她面前表現出來，但她還是看出來了。

對於我和丈夫的婚姻，我很少向女兒提及。但在我最無助時，女兒及時給我一種精神鼓勵，這種鼓勵就像黑暗中的明燈，讓我有勇氣能夠站起來，也讓我有信心面對接下來的困難。

2016 年 5 月 5 日，我和丈夫心平氣和地辦了離婚手續。如今，我已經幸福的擁有了另外一段新感情，對方是一個待我體貼入微的男人。最重要的是，他也很關愛女兒。我相信，他的出現，讓我和女兒的生活更加幸福。

所以，我的總結是：離婚其實是一種善行，一種讓雙方都能珍惜剩餘時光的善行，一種讓對方重新獲得新生的善行。若感情不在了，僅僅是為了孩子硬撐，那只是一種極大的自私和不道德的行為。

高老師的幸福解析

對於婚姻，我的幸福之道是：能縫縫補補的婚姻是可以修復的，但如果實在修復不了，那就果斷離婚吧！特別是對那種被男人拋棄，或遭受婚姻困擾的女性，更需要為自己在離婚後獲得新生而感到開心、快樂。這絕不是神智不清的表現，而是一種尊重自己、愛護自己的表現。為什麼非要死纏著那個不喜歡妳的人，讓對方更加恨妳，讓自己白受折磨呢？至於為此尋死覓活，不僅不可憐，反而很可悲。

對於不和諧的婚姻，如果已經爭吵、衝突，甚至分居、離婚，如何把對孩子的傷害降到最低呢？我透過自己近幾年的親身經歷，總結出給讀者的幾個建議：

▶1. 無論什麼時候，對孩子的愛不變

無論如何，我們對孩子的愛都是真的，我們有權決定自己的人生。但是無論今後如何選擇，都要一如既往地愛孩子。孩子雖然不得不接受這個事實，內心有些惋惜，但他仍然有父母的愛，還可以繼續獲得快樂成長。

▶2. 坦白，盡量對孩子說清楚

孩子的心靈是敏感的，有些事即使不說，他們也能感受到。與其生活在猜測、懷疑當中，不如生活在坦誠裡，坦誠表達你們的情況和現狀。而且表達你們不一致的地方，得到孩子的理解，對他的成長也有好處。

▶3. 絕對不能把責任歸於一方

有太多夫妻離婚以後指責對方的不是，並且把這種資訊傳遞給孩子，這對誰都沒有好處。一味指責對方，只能說明自己還不夠成熟。

▶4. 給孩子見面的權利

無論兩人的關係有多麼糟糕，必須要尊重孩子的權利，且履行撫養孩子的義務。在孩子的世界裡，他只有一個爸爸和一個媽媽，所以要允許孩子見面，可以創造機會和孩子在一起，讓孩子感受到你的關懷和愛。

04.
愛的基石：先學會自愛，才能真正愛別人

在本節的開頭，我想問大家一個問題：如果要你排序生命中最重要的順序，你會怎麼排列？

是孩子？父母？伴侶？事業？還是你自己？

在中華文化的傳統觀念裡，結婚、有家庭以後，大多都不是為自己而活。我們的世界充滿了別人，伴侶、孩子、父母、事業、朋友……等，唯獨沒有我們自己。我經常聽到有學員對我說：「我現在做的一切，都是為了孩子。」、「我的伴侶就是我的一切，沒有他，我就活不下去了」……

是啊！結婚了，尤其有了孩子後，我們的確為自己留的生活空間越來越小了。我們沒有時間與朋友聚會，沒有時間去做自己喜歡的事情，看起來，我們就像一臺只知道工作的機器。

當然，我的意思並非覺得為了家庭的奉獻精神不好，而是說，在關愛家庭、孩子、工作時，我們不要把自己給忘了。要記住：先愛自己，才更能好好愛別人。

我們需要在關愛孩子和家庭、事業的同時，不要把自己遺忘，也要為自己而活。

【情景再現】

我的一位女性學員，她的丈夫常年在外地工作，她全職在家照顧孩子和婆婆。在她的辛勞下，家裡每天都窗明几淨；她精心搭配各種營養餐，用心輔導兒子成長；在個人消費上，除了為自己購置最基本的必需品，她從不亂花一分錢。

為了節省電話費，她只在有事時才跟丈夫聯絡。後來，她發現丈夫打電話的次數越來越少，即使打來，她與他說完家事後，便無話可說了。一開始，她不以為然，認為這都只是形式，自己這麼用心為家庭付出，丈夫自會感恩。

有一次，丈夫回家探親，她發現他的電話變得非常多，還老是跑到陽臺去接。趁他洗澡時，她在他的手機裡發現了另一個女人的照片，還有一些親密的聊天紀錄。她感到痛苦不堪，不知道該怎麼辦。

透過朋友的介紹，她找到我，向我請教。看著面前這位年齡不過 35 歲，但頭髮枯黃、眼袋腫大、皮膚粗糙、身材肥胖、一身過時舊衣服的女人時，我立刻明白了緣由。

我沒有急著跟她說什麼大道理，而是問她：「妳有多久沒有好好照鏡子了？」

聽完我的問題，她顯得非常驚訝，停頓了一下，回答說：「好久了，自己也記不得了。」

於是，我從包包裡拿出一面小鏡子，遞給她說：「妳先好好地看看妳自己。」

她接過鏡子，看了一眼，震驚之情溢於言表，然後迅速放下鏡子。看到她的動作後，我對她說：「妳看，妳自己都不愛自己，何況別人呢？」

……

從我這裡回去後，她沒有跟丈夫提起她發現了手機的祕密，而是告訴丈夫，她要重新回到職場。而且，她開始積極健身、減肥，精心護理肌膚，主動聯繫老朋友，同時開始學習，為重回職場做準備。

半年後，當她約我再次見面時，我幾乎認不出她來。坐在我面前的她，容光煥發、穿著時尚得體，渾身散發出自信。我想如果我是男人，也會被她迷住。她對我再三表示感謝，並告訴我，現在她有了一份滿意的工作，有了自己的社交圈。因為怕她「走掉」，丈夫努力調回家裡附近工作，可以天天回家，陪她和孩子。對於丈夫手機裡的祕密，她一直沒有說破。

最後，她告訴我，她現在很幸福。

高老師的幸福解析

不管是婚姻還是愛情，我們最容易犯的錯就是「喜歡付出，樂於犧牲」。以為只有這樣，伴侶才會感動，才會更愛你。

現在我想告訴大家，這是一種錯誤的幸福理念！不管是男人還是女人，在任何時候，我們都不需要為了愛而失去自我。先愛自己，才更能好好愛別人。只有愛惜自己、尊重自己，才能令他人欣賞自己、疼愛自己。

當然，我這裡說的「愛自己」，並不是告訴大家要自私自利，只顧自己的享受，置他人於不顧。我說的愛自己，是指懂得適時地關心自己，呵護自己，為自己而活。

高老師的幸福之道

對於婚姻和愛情的愛，我的幸福之道是：先愛自己，才更能好好地去愛別人。

關於如何愛自己才是正確的方式，我提出以下三個建議，供大家參考：

▶ **1. 隨時關注自己的形象**

「愛美之心，人皆有之」。雖然很多人標榜自己並非「外貌協會」，然而，在愛情中，美還是無可辯駁地占據了巨大的比重。如果女人因為婚後生活的忙碌而熬成「黃臉婆」，男人因為家庭責任的壓力而熬成「邋遢大王」，互相讓對方看到自己糟糕無比的形象，那麼，我們在伴侶心目中的地位，就會和從前大不相同。

因此，如果我們想在婚姻裡永遠擁有幸福的滋味，就要學會善待自己。在懂得照顧家庭和經營事業的同時，要照顧好自己，讓自己的婚姻生活更加漂亮，更加有情趣。隨時關注自己的形象，比如時常換漂亮的髮型，添購幾件新衣服，買幾條合適的領帶，甚至換一種牌子的香水……享受變化的生活，隨時代步伐而進步。這時你會發現，維持愛情的長久，也可以是一件容易的事情。

▶ **2. 不為家庭盲目放棄自己的一切**

為自己而活的人，不會為了家庭而盲目犧牲自己的事業、朋友、學業……更不會一廂情願、無謂犧牲，不會放棄自己的夢想。

其實，在一段幸福的婚姻生活裡，是最在乎尊重和平等的。即使再相愛的兩個人，也有你我之分。當我們靜下來時，我們會想

到，除了愛情，原來還有很多東西是值得付出的。人生也因為有這些東西，才更顯得豐富多彩，才更能展現人生的價值。而伴侶也會因為我們的豐富多彩而付出更多的愛。

▶ 3. 付出的同時，永遠不忘學會要求

　　愛是奉獻，這沒有錯，不過，感情雙方並不會因為你愛他（她）多少，為他（她）付出多少而更加飽滿。只有做到自尊自愛，才會得到對方的尊重，從而獲得真正的愛情。因此，在付出的同時，也不要忘了索取。

　　在婚姻與愛情中，我們要學會適當地「要求」，學會向對方「要求」你想要的東西 —— 當然要記得對對方表示感激和讚賞，而對方通常會很願意讓自己所愛的人滿意。

05.
玩火的代價：拿離婚來娛樂，真分手的後果

開篇小談

去年，我在網路上看見一篇名為〈夫妻間最傷人的 5 句話，你說過幾句？〉的文章，出於好奇，我看了下面網友的留言，發現大部分讀者都坦言，自己與伴侶吵架、有矛盾時，都衝動地說過「離婚」兩個字。

在我研究家庭的幸福之道時，我就深知夫妻兩人動不動就說「離婚」，的確滿傷人的。但對於它的殺傷力究竟有多大，我的確沒有什麼概念。然而，就在上週，有一位朋友用她的親身經歷，證明了它的威力。

【情景再現】

上週四，朋友約我吃飯，當我入座後，她無比傷心地對我說：「我離婚了。」聽到這個訊息，我感到非常震驚。雖然她一直向我抱怨丈夫的各種不是，但在我看來，那都是無關痛癢的小事，是每個家庭都會存在的問題。怎麼就突然離了呢？

接著，她講述了事情的緣由。

原來，朋友與丈夫這次離婚也是源於一件小事引起的。在朋友與丈夫談戀愛時，只要有衝突，朋友就會說「分手」，然後丈夫就會過來哄她，兩人繼續和好如初。後來他們結婚了，同樣的，只要吵架，朋友就會說要「離婚」。丈夫已經習慣妻子天天說「離婚」，他

知道只要他主動哄她，就會過去了。

而朋友呢？說「離婚」也並非真的想離，她只是想以此震懾、威脅丈夫妥協而已。但就像「狼來了」的故事一樣，朋友的丈夫很快就對這招免疫了，甚至覺得有點不耐煩。就在上週三，他們又為一件小事吵了起來，朋友脫口而出：「離婚」。朋友的丈夫很不耐煩地頂了回去：「離就離，誰怕誰呀！」

看到丈夫這次竟然沒有像以前那樣哄她，朋友更生氣了：「好啊！我們現在就去！」說完，倆人直接到戶政事務所，辦理了離婚手續。

朋友向我說完這一切後，拉著我的手，哭著說：「我該怎麼辦啊！我根本不想離婚啊！他怎麼這麼狠心啊！」

看到朋友如此傷心欲絕，我一時也找不出一個好方法幫她，只能抱著她默不作聲。他們都是成年人，我想，等他們冷靜下來後，會按照自己的方式，重新去面對這件事。只是，我希望她以後能學會如何經營婚姻，如果不想真分手，就別提離婚。

說實話，這件事對我的觸動滿大的。以前，我總是向前來諮商的學員傳授家庭的幸福之道，關於不能隨便說「離婚」，我也曾教導給學員們。但這還是我第一次真正體會到「離婚」真的不能隨便說。

高老師的幸福解析

透過這件事，也讓我對隨便說「離婚」有了新的體悟。

當雙方走進婚姻的殿堂，原本我們以為生活就是琴棋書畫、舉案齊眉、風花雪月。殊不知生活是世俗的，我們的生活習慣、興趣愛好、價值觀都會有一定的差異。都說「時間長了，牙齒和舌頭都會打架」，更何況是朝夕相處、來自不同星球的男人和女人了。

　　血氣方剛的夫妻在磨合期少不了刀光劍影和脣槍舌劍，遇有分歧，夫妻雙方都會有憎惡對方、放棄婚姻的念頭。然而婚姻可不是兒戲，婚姻中吵鬧本屬正常，但若搬出「離婚」二字威脅對方，則是極為危險和傷害感情的做法。

　　其實那些把離婚掛在嘴邊的人，內心是最不願意離婚的。他們之所以愛說離婚，只是為了引起對方的重視，讓對方關注到他們的不滿和委屈，更希望用離婚來驗證自己在伴侶心目中的分量。他們的目的，本來是希望對方向自己道歉，哄哄自己。

　　也許這樣的伎倆，在剛開始時會有一定的作用，出於珍惜，對方會向我們低頭，但若我們恃寵而驕，老是故伎重演，對方有可能會在失去自尊中惱羞成怒，繼而真的拂袖而去。

　　所以，如果我們不是真的想分開，就不要拿離婚開玩笑。

高老師的幸福之道

　　據說，婚姻中我們會有 1,000 次以上想掐死對方的念頭，這說明衝突和予盾不可避免。但這樣的念頭並沒有被付諸實行，那是因為絕大多數婚姻的雙方，他們用愛和包容化解了這些矛盾。所以相愛的兩個人，如果只是一時負氣、爭強好勝，千萬不要隨便拿離婚出來賭氣，以離婚威脅對方，是幸福婚姻的頭號大敵。

　　幸福的婚姻是要經營的，需要雙方最大限度的包容和接納。婚姻更是一種責任，需要雙方帶著愛心、關心和信心去共同迎接人生路上的風風雨雨，相濡以沫、同甘共苦、關愛對方……這些都是經營婚姻的法寶。

　　那麼，具體經營幸福婚姻的法則是什麼呢？在這裡，我傳授大家 4 條經營婚姻的法則，希望能幫助你獲得婚姻的幸福。

▶經營幸福婚姻的第一條法則：信任

夫妻是伴侶，是親人，是陪伴最久、離我們最近的人，因此信任對方是最關鍵的要素。若連身邊人都不值得我們信任，都要相互猜忌，那家庭就不會是我們心靈休憩的港灣。所以不要讓猜忌來破壞幸福的婚姻。

▶經營幸福婚姻的第二條法則：換位

婚姻是兩個人的合作和溝通，是一個共同體。因此我們在這個團體裡，要學會關注對方的感受，不能凡事以自我為中心。多站在對方的角度去思考，多順著對方的想法去感受，我們說的話、做的事就能得到對方的認同和響應。

▶經營幸福婚姻的第三條法則：溝通

相互溝通是經營婚姻的一個關鍵要素。床頭吵，床尾合，夫妻不記隔夜仇，就是指夫妻雙方要及時溝通，不可因冷戰和隔閡引起無謂的誤會和矛盾。

▶經營幸福婚姻的第四條法則：慎重

即然成家了，就要共同努力把家庭建設好。遇到問題，要慎重處理，不可莽撞，不可衝動，大事化小，小事化了。只有這樣，才能讓家庭的小船停靠在平靜的港灣。

經營好婚姻，是人生的重頭大戲，只有安身，方能立命。婚姻中出現問題，不妨認真對照以上 4 條法則，反思自己，相信你可以做得更好！

06.
單身的高品質：低品質婚姻不如高品質單身

【情景再現】

我有兩個非常要好的朋友，雖然都是「大齡女子」，但她們對待婚姻的態度卻截然不同。

小芳自從邁入 30 歲後，成為一個不折不扣的「恨嫁族」（源於廣東話，意思就是非常想嫁人，恨不得早日出嫁）。每天除了相親，就是向身邊的人討教婚姻和持家之道，真可謂萬事俱備，唯缺老公。

起初，小芳對另一半有明確的標準，從生肖、星座，到身高、體重，然後是言談舉止、職業發展、家庭背景、性格品行……等，她都能如數家珍，細細道來。對她在擇偶方面的理性和客觀，我一度非常讚賞。

然而自從她過了 30 歲後，我發現她非常著急。她告訴我，女孩到了這個年紀，如果還沒有結婚，身邊的人總會帶著異樣的眼光看她，似乎她就像超市裡不新鮮的青菜，即使有人買，還得挑三揀四的。

看著身邊的朋友陸續脫單，走進婚姻的殿堂，小芳越來越慌。她開始降低自己的標準，希望在 35 歲之前一定要把自己嫁出去。

有一天，小芳約我，告訴我她要結婚了。我驚呼：「速度如此之快？都沒聽妳說過談戀愛的事，還以為妳還在相親呢！話說回來，妳要跟誰結婚？」

　　小芳告訴我，這位結婚對象，在她相親的近 100 人中，算是比較適合的。有些人雖然和小芳合得來，但沒有經濟基礎；有些人條件不錯，卻看不上她。這位雖然年長小芳 15 歲，但有房有車；雖然離異，但沒有負擔；其他方面雖然感覺一般，但還不算討厭……所以小芳就決定跟他結婚了。

　　聽完小芳的敘述，我問她：「妳愛他嗎？」

　　小芳看了我一眼，無奈地搖了搖頭：「這年頭，哪有什麼愛不愛的？我只想快點找個人結婚，愛不愛以後再說吧！也許，我們以後會培養出愛情。」

　　看到她眼中的閃爍，想到她原來堅持尋找真愛的決心，如今卻敗在年齡面前。身為朋友，我握著她的手說：「妳為何不再等等，找到合適的、喜歡的他，然後一起努力，共同建立一個美滿幸福的家庭呢？」

　　小芳眼神閃躲，告訴我她不想再等下去了，她不想成為別人眼中異樣的「剩女」。她做了最壞的打算，就是萬一合不來，就用離婚來解決。

　　小芳是個說一不二的人，他們的婚禮辦的很熱鬧，一對新人看起來很幸福，我只能祝她「新婚快樂」了。

　　一年過後的某天，小芳打電話告訴我，她離婚了。原因是丈夫是個表裡不一的人，在外待人和氣、溫馴有禮，在家卻對她大呼小叫，從不做家事，更不會體貼人，生活習慣極其不好。她實在難以忍受，對方也受不了她的吹毛求疵。他們跟結婚一樣果斷，做好財產分割，迅速辦妥離婚手續，友好的分手了。

　　小芳說她沒想到，不合適的婚姻比單身生活更讓她感到痛苦，

現在終於回到了單身生活，她感覺特別安寧。不過這一次，她成了一名「離異的剩女」。

高老師的幸福解析

硬將兩個不相關的人綁在一起，將婚姻的幸福寄託在婚後的磨合上，那這場婚姻十之八九是不幸福的，還會白白耽誤別人。

在我身邊，像小芳這樣的女孩並非特例。我經常看到好多人，不管男女，年紀到了 30 歲，就亂了陣腳，著急結婚。有的女孩，連戀愛都還沒談，就匆匆忙忙把自己嫁出去。有些年輕人，甚至連女孩長什麼樣子都沒看清，就跟對方結婚。這樣的婚姻，幾乎與幸福無緣。

我想說的是，婚姻不是玩撲克牌，重新洗牌需要付出巨大的代價。我們每個人，不管年紀多大，家人怎麼催促，都要慎重地對待婚姻。有時，單身反而會讓我們擁有一種自信和誠實。

我的另一位朋友盈盈，面對家人和親友的不斷催婚，她只是笑著對家人說：「不要急嘛！我會努力的。」

她說她等待了這麼多年，就是想找一個合適的人，不想將就，到了現在這個年紀，更不想湊合委屈自己。

在沒有愛情的世界裡，盈盈把自己的生活安排的非常豐富。她認真對待工作，在業餘時間不是學習，就是做自己感興趣的事情。對她來說，談戀愛、結婚是生活中很美好的一件事，但也不是生活的全部，她想讓自己每天都過的充實、開心，她相信有一天愛情一定會水到渠成。

幸運的盈盈，在 35 歲那年終於等到她的「白馬王子」，對方是

一位博士，學成後在一家公司做科學研究，儒雅內斂，彬彬有禮。盈盈說他有 80% 的特徵都符合她的擇偶標準，最重要的是，他們有相似的價值觀、生活習慣和興趣愛好。

在談了一年多的戀愛後，盈盈結婚了。婚後，他們恩愛有加、相敬如賓，過著幸福和諧的家庭生活。

盈盈在高品質的單身中，努力活出自己想要的樣子，才能遇見更高品質的婚姻。

所以，幸福的婚姻是愛情的延伸，相愛的兩人攜手共同分擔婚姻的責任，同甘共苦，相濡以沫。如果把兩個沒有感情人硬湊在一起，雙方都會因為沒有「愛」的支撐而斤斤計較，把婚姻當成束縛自己的枷鎖和負擔，這對兩個人來說，都是一種折磨。這種低品質的婚姻，當真不如高品質的單身。

高老師的幸福之道

對婚姻的幸福之道，我一直堅定地認為，不管是誰，因為愛情而結婚，這是婚姻最好的模樣。我們愛對方，願意與對方共同承擔風雨，面對柴米油鹽的平凡生活。於是，我們一起努力構建一個家，並擁有愛情的結晶，一生一世，相濡以沫，白首不相離。

對於婚姻，我更希望大家是一個完美主義者，永遠保持偏執的執著，始終相信在我們的生命中，會有一個愛你的人在走向你。

在這裡，我沒有具體的方法要教大家，我想告訴大家的是：婚姻這件事，需要機遇、緣分，更需要累積。機遇和緣分是天注定的，而累積就要靠我們自己。當我們還單身時，這是我們最佳的增值期，如果我們想擁有一個完美的婚姻，就要先提升自己。

　　對於那些已到適婚年齡的男女，我想說的是：千萬不要因為任何原因走進一段沒有愛的婚姻；同時，對那些既成事實的錯誤婚姻，我也希望你能果斷的放棄。與其在不適合你的婚姻裡痛苦，永遠與幸福無緣，還不如果斷轉身，在單身的歲月裡過好自己的生活。

第4章
學習真誠的做人之道
—— 放下策略，擁抱真實

　　關於做人，我的幸福之道是：為人處事，我們可以留一點心眼，這無可厚非。但我們不能處處都是心機。我們大多數人總是把世界想的很複雜，其實，這個世界很簡單，複雜的只是你的內心而已。所以，懷著真誠的心做人，就是對這個世界，對自己最大的尊重。

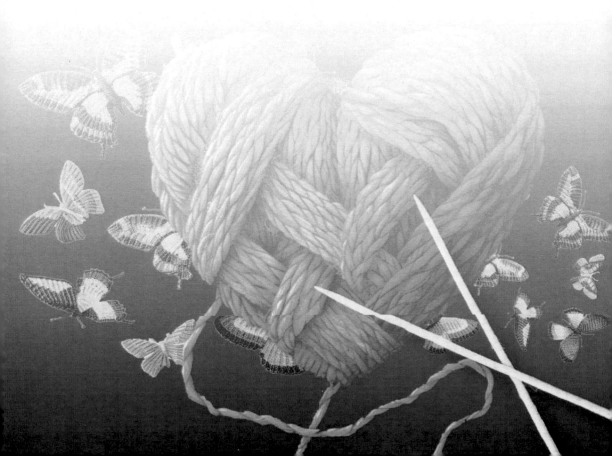

01.
真誠的力量：減少策略，增加真摯

【情景再現】

　　在我大學畢業，剛剛接受某公司的培訓工作時，一位資深的培訓同行告訴我，對學員進行培訓要有策略及技巧。這個策略就是先以一個小故事引入，每隔幾分鐘，抖個包袱，把自己經歷的困難放大，讓學員笑中帶淚，然後把我當成他們心目中的神，我就成功了。

　　當時的我，真的把這位同行的話聽了進去。

　　於是，為了讓我的培訓課變得「高級、有層次」，我花了非常多的時間找段子，編段子，講段子。按照這個策略進行了一段時間，慢慢的我可以把這些故事串聯起來，學員們不僅聽得津津有味，時不時還會爆發出一陣陣掌聲。有段時間，我甚至還借鑑了「金字塔原則」來讓我的演講稿看起來十分有格調。

　　透過對這些策略的熟練掌握，我在公司的培訓課獲得不錯的成績，員工們很喜歡我，我也有自己的粉絲了。

　　然而，兩年下來，我的確獲得不少成績，但總覺得哪裡不對，又不知道怎麼改進。雖然我沒弄清楚問題到底出在哪裡，但我依然決定改變自己。

　　於是，我向我的老師請教，他問我：「妳為何不選擇抒情路線，而是選擇當今社會存在一些無法更改的嚴肅話題呢？」

　　我回答他：「大多數培訓師的策略是告訴大家我有多優秀，我的

成績有多輝煌。可是學員聽完會覺得我很優秀，可能他們這輩子都無法企及我的高度，算了，放棄吧！也許還有人會覺得妳少逞威風了，妳裝厲害跟我有關係嗎？」

那一年，我依然沒有多大的改變。說實話，就算我一直「炒冷飯」，同一個策略用很久，學員們依然會買帳。

後來，我旁聽一位名師的培訓課，受益匪淺。這位老師並沒有按照策略來，而是在課程的一開始就坦言自己的思維有局限。他說他在上大學時，為了賺學費、減輕父母的壓力，飢不擇食的進入了培訓這個領域。本來美好的週末，可以去圖書館看看書，和朋友們聚聚會，但是卻花在了培訓講臺上。

他說他的夢想是有朝一日站在聯合國的發言臺上向全世界宣講，如果他當初懸崖勒馬，也許今天已經實現了這個夢想。在這次培訓課裡，他告訴大家，年少得志固然幸運，但又何嘗不是一把禁錮自由的枷鎖。全新的演講，大膽真實地自剖，讓現場爆發雷鳴般的掌聲。

那個晚上，我跟朋友說起這位老師對我的觸動，她一句話點醒了我 —— 從高手到絕頂高手，妳要戰勝的只有妳自己。

高老師的幸福解析

的確如此，我早就知道我不能再這樣了，但是一直不敢表達自己的觀點，我害怕大家不會為我的新模式買單；我害怕講自己的真實經歷，我怕我講的不夠精彩；我甚至害怕面對自己不夠精彩的過去，這樣的我怎麼有資格為大家培訓？我習慣了各種策略及技巧，因為學員們喜歡，僅此而已。

但是，這種熱鬧只是暫時的。熱鬧過後，我留下了什麼呢？也許，走出課堂大門時，學員們就忘了我說的話了，更別提傳播我的幸福之道理念了。

還有一些社會經驗十分豐富的學員，馬上就能聽出我故事的漏洞。比如一些創業節目上，有的創業者聲情並茂的講著自己的創業故事，什麼自己發現市場上沒有同類型產品，發現商機，毅然決然辭去年薪百萬的工作去創業啦……什麼自己白手起家，一天只花一百塊錢生活費啦……

仔細想想，難道你創業打通銷貨管道不用花錢？買廣告不用錢？租辦公室不用錢？一旦學員發現了我的漏洞，就不會再相信我的話了。

於是，我換了新的培訓內容，不再跟大家說，想幸福就要努力奮鬥，我是怎麼成功的；更不會誇大其辭我現今的生活有多麼富裕，多麼充實。

我會老老實實的跟學員們說我這一路的歷程，相信你們也可以做到；在我最失意時，我是怎麼度過的，你也可以；無論你的條件怎樣，你都有資格走出去看看這個世界。更重要的是，在漫漫人生路上，我們需要一步一腳印的負重前行，如何做一個自律的人，如何管理時間，如何處理人際關係以及如何在職場上游刃有餘。

我把自己走過的冤枉路，吸取的教訓，全部告訴大家，如果學員能從中得到一點點啟發，我就很滿足了。比起現場的掌聲和歡呼聲，那束照進你內心的光，對我來說，意義更大。

真誠也好，勇敢也好，我大部分時間是在固執的走自己的路。我想，不管我以後還是不是培訓師，只要認真做事，真誠對人，一定可以做的很好。就算沒有掌聲，就算被人誤解，也千萬不要放棄。

　　做人的前提是真誠，真誠是一股強大的力量。假如每個人都能少點策略，多點真誠，那麼真實的幸福也就不遠了。

高老師的幸福之道

　　我們大多數人總是把世界想的很複雜，其實，這個世界很簡單，複雜的只是你的內心而已。所以，懷著真誠的心做人，就是對這個世界、對自己最大的尊重。

　　現在的我，去過無數個城市，見過形形色色的人，結了一次婚，離了一次婚，有一個孩子，我用自己的腳步，丈量著人生，體驗不一樣的經歷，也收穫了一些人生經驗。這些經驗不是真理，但卻讓我從策略中解脫出來。希望我的這些經驗，能夠幫到你。

▶1. 你不必對誰特別好，也不必對誰特別不好。

　　俗話說：「物以類聚，人以群分。」任何群體的人際關係，都無法脫離「三三制」，「三三制」落實到個人身上，就是「三分之一的人對你很好，三分之一的人對你一般，剩下三分之一的人很討厭你。」因此，我們沒必要對每個人都很好，也不用對每個人都敬而遠之。好的，繼續來往；中立的要積極爭取；而討厭我們的人，就不要太計較了。這樣才能避免被人利用。

▶2. 做人不要盤算太多，順其自然就好。

　　為人處世不要太精明，也不用拚命要求他人。這好比是握在手中的沙，越想握緊，反而流失越多，最後什麼都得不到。摒棄雜念，張開雙臂，我們會發現我們在擁抱全世界。有句古話希望大家記住，「命裡有時終須有，命裡無時莫強求。」

▶3. 依靠別人，遠不如相信自己。

　　想要當一個有思想，有責任感的人，就要先明白，依賴別人不如相信自己。這個社會充滿了形形色色的人，每個人都有自己為人處世的方法，只要我們盡力了，就不必為不受重視而感到傷心。做任何事，端正心態很重要，有機會就多做點，沒機會也不必沮喪。要知道，為自己做再多的事也不過分，不管人生的際遇如何，及時努力永遠都是對的。

▶4. 不要壓抑自己，也不要奉承巴結。

　　似乎從遠古時代開始，就把人分成了三六九等，君臣父子，主僕師徒；到了現在，是老闆和員工，是出身的差異，是地域的不同。一個高傲的人，不管我們怎麼尊重他，他都不會跟我們來一次平等的交流，我們的尊重，在他的眼裡也許是巴結，也許是有求於他，只會讓他把我們看得更輕。不管出身低微還是處境艱難，永遠都不要寄希望於他人，該做就做，該說就說，只要有骨氣，自然不會被看不起。

　　有些事情真的要自己經歷過，才知道沒必要刻意在乎。「厚黑學」不是萬能鑰匙，能夠開啟任何困惑的大門，放在哪裡都適用，生搬硬套反而讓人徒增煩惱和尷尬。我們要始終記住：這個世界很單純。因此，讓我們少點策略，多點真誠吧！

02.
社群貼文的真實價值：珍惜他人關注的時間

高老師的幸福解析

在我的社群媒體上，我經常會收到這樣的訊息：

「嘿！幫我按讚，謝啦！（笑臉）」

每當看到這樣的訊息，我都想發自內心的罵一句「三字經」。我有個同學，非常喜歡傳這類訊息。一天，我終於忍不住了，傳訊息給他：「我覺得你這樣做不僅自貶身價，還浪費了別人的時間，別人為什麼要幫你按讚？如果是熟人，賣個面子就算了，交情一般的人，一定會很反感。」

社群媒體就像是一個人的網路身分證，如果我們想快速了解一個人，最好的辦法就是加他的社群媒體，比如臉書。然後，開啟他的臉書，就能了解個大概了。我們分享的內容，代表我們的思想立場；我們發的圖片，透露了我們的審美觀。

我們發文，不管是慘哭還是炫耀，都是想獲得關注，這是人的天性，我們要尊重天性。假如我反對這些，否定這些，那豈不是泯滅人性？

想讓別人看我們的貼文，就拿出點誠意來吧！因為別人關注了我們，總不能什麼都得不到吧！

網際網路時代，什麼最寶貴？流量！關注就是流量，流量就是金錢。做代購的，在社群媒體發點廣告，這無可厚非。但是麻煩大

家用點心好嗎？廣告文案語句通順一點，錯字少一點好嗎？代購的食品、彩妝圖片畫素高一點好嗎？我最反感的就是那些毫無營養的、複製貼上、天花亂墜的文字，加上一天好幾十條的動態，不僅毫無審美，還極度浪費我的時間，於是乎，我選擇封鎖。

不是我要封鎖他們，而是他們的做法，封鎖了自己。

我經常在網路上看到有人攻擊那些炫富、得意忘形的女孩，說她們是「綠茶婊」，我雖然不敢苟同她們的世界觀，但是在充斥著垃圾廣告的社群媒體，看看這些美景、豪車、美女、美食，也是賞心悅目的。畢竟工作一天已經夠辛苦了，看看這些美圖也能放鬆自己。

【情景再現】

我有一個粉絲，每每在轉發我的貼文時，一定會附上他的轉發理由，獲得共鳴也好，意見相左也罷。我喜歡和他交流，因為這是思想的交流。同時，寫上我自己的評論，也是對其他讀者的尊重。這些細節，是對個人品牌的一個很好的背書。

因此，我想說的是：如果我們在社群媒體發文，請發出誠意，發出水準，因為，請不要辜負別人關注的時間。

我自己除了寫寫文章外，業餘時間也關注了一些有趣的粉絲專頁。我發現，有的粉絲專頁還會回覆讀者私訊或留言的問題。我覺得這也是一個商機啊！陌生讀者留言說：「你好，我現在很迷茫，但你的文字好像能給我指引方向，我能和你聊聊嗎？」廣告商聯絡你：「你的粉絲專頁很有趣，流量很大，我們想投廣告，能跟你諮商嗎？」

　　如果我說沒時間，好像是在耍大牌，也會失去這個粉絲。如果我說可以，聊天就是個無底洞，一旦免費，那就別想做其他的事情了。

　　不管什麼行業，只要涉及到專業知識或資訊訴求的諮商，都是要付費的，因為他們就是用自己的專業獲取金錢，這是合理的勞動所得。我們都認可對產品付費，卻不太願意接受對知識服務付費，還停留在「要是能免費獲得服務，那太好不過了」的這種思想。

　　隨著我的業務量越來越大，想要諮商服務的人與日俱增，儘管有工作人員幫忙，但我依然忙不過來。這時我就必須忍痛捨棄掉一些業務，放棄一些小客戶，專注大客戶。這也是被迫的，業務一多，就很難面面俱到。真的不是我傲慢，而是心有餘而力不足。

　　之前工作人員在幫我匯報工作時，我經常連續收到幾段語音訊息，想到什麼說什麼，毫無章法可言，可見她事前並沒有打草稿，也沒有整理匯報內容。我告訴她：「以後匯報工作盡量在一段語音訊息的時間內說完，說之前先在腦子裡想一遍，打好草稿，記不得就寫下來，不要浪費我們彼此的時間。」

　　我記得有朋友跟我說過：「有句話說的好啊！如果能用錢解決的事情，就盡量不花時間，我現在就這樣。」以前我對這種觀點嗤之以鼻，現在我無比贊同。

　　有時候，我也會私訊或留言給我的「偶像」，就是那些「段位」比我高出一大截的「大咖」，基本上都像石沉大海。如果獲得回覆，我就像拿到壓歲錢的孩子，開心不已。我不怪他們高冷，而是這些「大咖」真的沒有時間。唯一的辦法就是讓自己變強大，變得跟他們一樣有價值。到那一天，他們一定願意跟我喝茶聊天的。

到那時，他們不會覺得跟我聊天是浪費時間，而是一件十分有意義的事情，能讓他們心甘情願的坐下來和我聊聊理想，談談人生，品品清茶。

我堅信，尊重對方的時間，就是對對方最大的尊重。

高老師的幸福之道

我現在在社群媒體發文都十分謹慎，也許一不小心就暴露了自己的無知淺薄，貽笑大方。所以，我建議大家，請不要再在社群媒體發一些求按讚、求轉發的資訊，這除了降低你做人的格調，沒有一點好處。發文的時候，請不要辜負別人關注的時間，這是你時刻需要謹記的。

至於如何發文，我無法提供大家一個詳盡的方法，因為我不是策劃人員，對文字的修養能力也有限。我只想把這個做人的幸福理念告訴你，如果你實在想優化自己的社群媒體，可以向一些成功的名人學習，或關注一些好的粉絲專頁。

03.
單純心靈的力量：一顆單純的心勝過百般算計

開篇小談

我們這一生都在追求幸福，但是我們大多數人並不知道什麼是幸福，如何追求幸福。在我們心裡永遠有一個小算盤，撥的嘩啦響，不擇手段獲得自己想要的東西。但往往事與願違，要不就是「偷雞不著蝕把米」，要不就是目的達到了，但自己並不幸福。

究其原因，就是因為我們心思太複雜了，總是在算計，我們不知道，其實幸福是很純粹的，不用這麼複雜。

【情景再現】

我有很多朋友，但在這麼多女性朋友中，我最欣賞的就是曉琳。原因只有一個，曉琳很單純。曉琳的單純不是無知、缺乏閱歷。恰恰相反，她今年才 35 歲，就經歷過雙親離世、男友劈腿和工作失意，但她並沒有被無情的歲月摧殘，而是保持初心，用美好的眼光看這個世界。

有時，我們幾個朋友會小聚一下，話題的中心，總是圍繞著家庭的瑣事。有的朋友和丈夫吵架了，就問剛結婚不久的曉琳：「妳跟妳老公吵架了怎麼辦？」曉琳微微一笑，說：「我和我老公從沒吵過架，我覺得沒什麼事情值得吵架的。」

「那你們就沒有意見不一的時候嗎？」朋友感到很不可思議。

「當然有啦！不過也沒必要吵架吧！兩個人坐下來好好商量，不就好了嗎？」曉琳說。

「道理我都懂，但我就是控制不住啊！我老公有時候真讓人火大。」

曉琳喝了一口咖啡，接著說：「你們吵架，一般都是誰吵贏啊？」

「肯定是我啊！」朋友得意地說。

「那妳贏了，妳高興嗎？」

「不高興，就算贏了，我也得跟他嘔氣幾天，不想理他。」

「就是說啊！吵贏了妳不高興，吵輸了，那問題就更嚴重了。既然如此，為什麼還要吵呢？我們要學會控制情緒，自己開心最重要，心裡開心，人自然而然就有精神了。」

曉琳看似簡單的幾句話，讓我及在場的人都受益匪淺。

高老師的幸福解析

生活中，我經常聽到有人談及如何在家中掌握財政大權，如何抓住丈夫的心，大家都是三頭六臂，經驗豐富。有的說每天打扮得漂漂亮亮的，還有的說要偷看手機聊天紀錄，只有曉琳什麼方法都沒有。有的朋友說她笨，有的朋友為她擔心。

曉琳淡淡一笑說：「夫妻之間還是少點心眼好，我們要做好自己的本分，照顧他、愛他就好了。剩下的就是享受家庭生活的樂趣，有問題就解決。日後的事情，就放到日後解決吧！現在想這麼多，有什麼意義呢？」

朋友不以為然，對她說：「妳可真是太傻太天真，生活哪有妳想的這麼美好，多留點心眼總是好的。」

「《紅樓夢》妳們看過吧？王熙鳳怎麼樣，夠精明吧！最後呢？曹雪芹怎麼說來著？『機關算盡太聰明，反誤了卿卿性命』，我寧願活得簡單一點，只要真誠對人就好。」曉琳還是面帶微笑，散發著空谷幽蘭的氣質，讓我深深的佩服她。

相對於複雜的人，單純的人更受歡迎。他們高興就笑，難過就哭，喜怒哀樂全都寫在臉上，就像一汪清澈的泉水。複雜的人就像戴著面具的小丑，讓別人看不透，不願與之親近。

幸福好像特別青睞單純的人，他們心思澄澈，他們有一雙善於發現美的眼睛。這就好比常吃味道重的食物，味覺就沒那麼敏感了；而口味清淡的人，只要有一點點小小的變化，就能體會出其中的滋味。

所以，做一個單純的人吧！哪怕「傻」點，不斤斤計較，能及時把痛苦放開，不記恨、不自憐，光明磊落，用真誠的心待人，這樣的人生一定會幸福很多。

高老師的幸福之道

關於做人的幸福之道，保持一顆單純的心，是我經過多年研究和觀察得出的理論。書看到這裡，相信會有讀者問我：「高老師，如今的社會如此複雜，我們如何保持單純的心？」

我無法改變一個人的心，但我可以教你一些審視自己心靈，喚醒純淨心靈的小技巧：

▶ 1. 為人處世要簡單

把簡單的事情變複雜是愚蠢的人，聰明的人會怎樣呢？當然是把複雜的事情變簡單。用最簡單、最直接的辦法為人處世，能減少不必要的誤會，排除心中雜念，一切就豁然開朗了。

▶ 2. 用成人的眼睛看世界，用孩子的心靈對世界

我們都知道，孩子的世界是單純的，在他們的世界裡，沒有大事、小事的差別。他們對待每一件事都是認真的，他們不懂如何判斷哪些人對自己有利，哪些人沒利。只要他們喜歡這個人，就會真心對待。

我們要學會用成人的眼睛看世界，成熟的態度與人交往，用孩子的心靈對待世界。不要算計太多，更不要把簡單的事情弄複雜。當心靈單純了，就會發現，身邊充滿了美好的事物，幸福感也會大大提升。

▶ 3. 深刻看事，寬容待人

單純不是傻，更不是膚淺，單純是看破世事的豁達。我們既要有一眼看穿事實的本領，這樣能避免受到傷害；同時，我們又要有看穿一切的豁達。比如，我們發現某人在欺騙自己，我們不必與他發生爭吵，或想辦法報復，我們需要做的，就是敬而遠之，不要惡語相向，得理不饒人更是不可。

04.
成年人的抉擇：不再分對錯，而是看利弊

開篇小談

　　我們在做試卷上的題目時，總是配有一份標準答案，我們的選擇不是對就是錯。但人生這份試卷卻沒有標準答案，不一樣的選項，會帶我們抵達不一樣的地方，誰又能說清到底哪個是對、哪個是錯的呢？

　　我在一部電影中，曾經看過這句臺詞：「小孩子才分對錯，成人只看利弊。」我非常認同這句話，所以把它拿來當作本節的標題。儘管很多人認為這句話有點殘酷，但在我看來，說的卻是事實。

　　小時候，我們習慣打破砂鍋問到底，總覺得任何事情都應該要分對錯，但隨著我們日漸成熟，便明白了一個道理，在這個世間，任何事都沒有絕對的對與錯，只有我們選擇的利與弊。

　　即使是大多數人都選擇的選項，也未必就一定是我們人生最好的歸宿。而那些無人涉足的地方，或許就藏著我們開啟幸福之門的鑰匙。這就好比世界上沒有兩片完全相同的葉子，也不會有兩個完全相同的人。我們每個人都是獨立的個體，又何必非要勉強自己去跟隨別人的步伐，重複別人的人生呢？

【情景再現】

我有一個女性朋友，她是一個近 35 歲的大齡女子，還是子然一身。她的父母和朋友每次都熱情地為她介紹對象，但沒有一個能「功德圓滿」的，其中也不乏一些青年才俊和富二代。

她的父母多次替女兒感到惋惜：「錯過了這麼好的男人，難道真想嫁給窮光蛋呀？」但她心裡有自己的擇偶標準，她只圖兩情相悅，找個知己型的對象。抱著對感情的這種堅定和執著，上天終於在去年眷顧了她，讓她遇到了自己的意中人。對方是一個外商公司的普通職員，也沒有顯赫的家世，但很勤奮，又肯上進，她認定他就是自己今生的伴侶。

對於她的選擇，她的父母和朋友都感到不解，他們跟她說：「他沒房、沒車，也不是本地人，選擇他，以後就等著過苦日子吧！」

對於這些，朋友認為房子、財富都是次要的，婚姻遵從的是內心，只有真心相愛才能白頭偕老。

如今，他們已經結婚了，且生活很幸福。每當我踏進他們居住的房子時，我都能感受到這滿滿的幸福 —— 他們把房子布置的非常溫馨，有鮮花、有玩偶，倆人下班一起在廚房有說有笑的做飯，偶爾的嬉鬧，這難道還不是幸福嗎？

高老師的幸福解析

幸福沒有固定的模式。有人認為，幸福就是衣食無憂、安逸平靜的生活；有人認為，幸福就是可以實現自己的夢想，獲得成功；還有人認為，幸福就是能擁有甜蜜的愛情，能有人為自己分擔煩惱、分享快樂……幸福涵蓋的內容太多了，包括物質、精神兩個層

面。不管是誰，都不能輕率地下結論，認為誰的選擇就是對的，誰的選擇就是錯的。

這就像我的這位朋友，最後選擇的丈夫，可能不是大多數人眼中的幸福，但對朋友本人來說，她認為那就是幸福。我們每個人對幸福的理解不同，我們覺得無比幸福的場景，在別人心裡或許一文不值；正如別人汲汲營營追求的一切，或許也可能根本入不了我們的眼。

高老師的幸福之道

對於幸福，不管是我，還是很多著名的心理學家、科學家，都沒有給出一個標準答案，選擇適合自己的生活方式，隨心而活，這就是幸福。生活不是給別人看的電影，而是穿在身上的貼身衣物，是否舒適，是否喜歡，只有我們自己才能真切體會。

說到這裡，你肯定會問：「高老師，我們該如何選擇，才是幸福的選擇呢？」以下，我教大家一個我經常使用的小技巧，記住這個技巧，可以讓我們做出選擇時，更能獲取適合自己的幸福。這個技巧是這樣的：

為了準確測量出什麼樣的選擇才會讓我們感到幸福，我們可以把我們做某個選擇時的情緒寫下來，然後拿起來看一看，如果我們做出選擇時，我們的情緒是消極的，那麼不妨換一種選擇。

05.
夢想的存活之道：活在自己的夢中而非他人的評價

開篇小談

在生活中，我們經常會看見這種人：無論你做什麼，他們都喜歡潑冷水，認為這樣也不行，那樣也不好。但如果讓他們去做，他們又什麼也做不好。

對於這一類人，我的總結是：濫用語言暴力是他們刷存在感唯一的方式，所以他們時時都在傷害別人。

【情景再現】

我曾經參加一個關於「幸福之道」專案的討論會，我看到兩個同事極為用心地做了幾個計畫案。若我們從他們考察市場的角度和策劃時的費心來看，便會承認那些都是被尊重的工作成果，即使它們可能還不夠完美，可能還需要繼續提升。

但是，有些同事，完全不看人家可行性研究的內容，不看人家在「幸福之道」研究上花的功夫，甚至連策劃的內容是什麼，都沒有認真看，便開始各種批評。

連小河都沒見過的人，卻擺出一副曾經滄海的姿態來。那些批評，聽起來那麼牽強附會，那麼毫無邏輯。我真的很想說，人家努力去思考、去策劃，並且形成了結果，儘管它可能不合適，但拜託我們先弄清楚人家的意圖，看一下人家的方案再批判，好嗎？

看著那些認真思考過、認真做事的同事被批判傷心的樣子，我心裡真不是滋味。我不是說討論一個重大專案時，與會的人不可以發表意見，而是說我們發表意見時，不要帶著情緒和個人好惡的標準去評判。

這就好比一個從來沒有吃過螃蟹的人，是沒有資格說什麼樣的螃蟹才是好吃的，也不能因為自己不喜歡吃螃蟹，就武斷地認為螃蟹沒有市場。

高老師的幸福解析

很長一段時間裡，我都在思考一個問題 —— 為什麼我們總是喜歡粗暴、直接地否定別人，動不動就用偏激，甚至刻薄的話去傷害別人，而我們卻覺得自己非常有理？產生這種自負心理，最深層的原因是什麼？

很多事情，只有把它的前因後果徹底連結起來，我們才能看出最根本的問題。就拿上面的案例來說，一個專案開會討論，判斷它是否具有可行性，我們不能不看內容，而只憑匆匆瞄一眼標題，就全盤否定。

這裡面，有很重要的兩個行為，暴露出其根本心理：

不看內容 —— 因為那是別人的專案，隱蔽心理是把「不想關心別人」當成「對別人的專案沒興趣」；

全盤否定 —— 不想為別人的專案費心判斷，其隱蔽心理主要是「不想肯定別人的價值，所以全盤否定」，一來很省事，二來顯得自己是有價值的。

基於上面兩個心理，我想告訴大家，如果有人無端評判你、瞧

不起你，不是因為他真的比你強，而是因為他不想發現你的價值。所以，最後得出的結論是：別人對我們的評判，與我們的實際價值無關。

所以，我們無需為別人的評判而傷心、絕望，也沒有必要在意別人眼中的自己是什麼樣子。

不知道什麼時候，在某個地方看過這句話：「人可以死在自己的夢裡，但不能死在別人的嘴裡。」我覺得這句話非常合適我的觀點，所以我把這句話作為本節的標題。同時，我也想把這句話送給所有的讀者，願我們大家一起活在自己的夢裡。

高老師的幸福之道

我們努力地生活，追求幸福，不是為了改變這個世界，而是為了不讓這個世界改變我們。關於做人的幸福之道，我想告訴大家，別人對我們的評判與我們的實際價值無關，我們無需在意。我們需要做的，是把時間和精力用在我們想做的事情上，踏實、篤定地走自己的路，追自己的夢，再也沒有什麼比這更讓人幸福的事了。

06.
說話的藝術：分寸是做人的準則

高老師的幸福解析

在生活和工作中，有一種人口吐蓮花，八面玲瓏，說話滴水不漏，周圍的人都很欣賞他。對於這樣的人，我是很羨慕的。「會說話」往往代表一個人 EQ 高，會做人，誰不想擁有很多朋友呢？

原本的我，一度以為說話就是要誠實，該說的就要說，所以儘管我總是不遺餘力的勸諫別人，但我卻很少擁有親密的朋友。我不明白，為什麼有的人說話明明就是在討好、吹捧，最終卻贏得了別人的信任。

相信我們一定有過這種經驗吧！自己一個人扛下所有的工作，加班到深夜，升遷加薪時，機會卻是那些善於在上司面前拍馬屁的人；朋友出現重大的選擇錯誤，我們費盡口舌勸他，他非但不聽，還漸漸疏遠我們。

所以，在我研究做人的幸福之道時，我認為說話是做人的一大重點。想做一個幸福的人，就要掌握說話的分寸，如果沒有這個分寸，就會有是非，有衝突。

那麼，什麼是說話的分寸呢？

我的理解是：言多必失，話少誤事；說話不能太犀利，要點到為止；逢人只說三分話，未可全拋一片心。這些都是說話有分寸的道理。

高老師的幸福之道

那麼，我們該如何拿捏說話的分寸呢？透過實踐，我總結、歸納出以下三類我們不能說的話，希望讓大家在說話做人方面，少走一些冤枉路。

▶ **1. 沒有影響力的話，比如「為你好」**

有句話是這麼說的：「你永遠無法叫醒一個裝睡的人。」在做人的過程中，我們要始終秉持「切莫交淺言深」的原則。當對方先入為主的認定了某個觀點，這時若我們再規勸，只會火上澆油。

在生活中，我們說最多的一句話，就是「為你好」。真的嗎？我曾經犯過很多次「為你好」的錯。

有個朋友在自己的粉絲專頁上寫了幾篇文章，轉載量十分可觀，高達十幾萬。此時，有很多出版商來找他談出書的事情。這幾家出版商實力相當，分不出高下，他很苦惱，來找我諮商。

我對他說：「你不妨選這家吧！這家的編輯不遠千里親自來找你談，看來這家公司很有誠意啊！」他回答道：「但是那家是我朋友介紹的，簽約條件很優厚，也很重視我。」最後他還是堅持選擇朋友介紹的那家。後來，就很少找我聊天了。

一年多過去了，他都已經交稿半年了，編輯卻遲遲不說出版的事。原本處於發展期的他，由於沒有及時出版作品，錯過了最好的時機。看著其他作者們開簽書會，去各個大學演講，他悔不當初。

還有一個朋友，大學一畢業就返鄉當一家電視臺主持人，在當地可謂家喻戶曉。但是，由於種種原因，他的節目被停了，每天跑外景，接通告，工作很忙，薪水卻很少。處於事業低潮期的他，也

跟女朋友分手了，原因是女友的爸媽要求他半年之內買房結婚，他不堪重負，結束了這段感情。

沒想到兩年後，他的事業起死回生，不僅買車、買房了，還有不少收益豐厚的投資。有一天，他打電話給我，說他有新女友了，過段時間準備結婚了。我為他感到高興，安慰他苦盡甘來，眼裡只有錢的人未必是良緣，要好好珍惜現在這個女朋友。過了幾天，我發現他把我封鎖了，後來才知道，那次通電話，他女友就在旁邊，而他女友就是之前的那位。

在這個世界上，能清楚認清事實的人畢竟不多，大部分人只會相信他願意相信的事。身為朋友，關鍵時刻要提醒，但是聽不聽自己的意見，那就是對方的事了。只有自己吃過大虧，才真正懂得生活之味。

▶ 2. 不說會帶給別人不適的話，比如隱私

我有一個朋友在報社工作，剛進報社時，上司要她跟一個男記者學習，一起跑新聞。但是，男記者什麼都沒幫她，從選題到採訪，再到寫稿、修改、定稿，全都是她一個人完成的。但是朋友依然把男記者的名字寫在自己前面，這意味著該稿件的第一署名是那個男記者，且稿費平分。

這篇精心採訪的稿子被評為 A 稿，受到上司的高度表揚。沒過幾天，一個平時不怎麼來往的同事問她：「第三個小標題以下是不是都是妳寫的啊？怎麼寫作風格跟他有這麼大的出入？前面像抄的一樣。」

我朋友不想讓人誤以為是抄襲，就說：「沒有啊！那個標題出自一首冷門的古詩，為了跟內容匹配，我還稍微調整了一下順序。」

說完朋友就忘了，沒想到幾天後，公司卻傳出閒話，說那位男記者壓榨新同事，霸占署名。於是，我朋友在以後的工作中，被男記者暗中刁難了無數次，不管她怎麼解釋都沒用，這梁子算是結下了。

從道理上來看，朋友並沒有錯，她只是實話實說，並沒有要詆毀男記者的意思。但是在好事者嘴裡，就變了味。如果朋友多長點心眼，在同事問的時候，巧妙地躲過去，就不會有這個插曲了。

對大多數人來說，薪水、結婚、子女，乃至於對一些敏感問題的看法，都是「隱私」，我們需要尊重隱私，不要說會讓別人不適的話。

在工作中，經常有學員初次見面就喜歡問我這些問題，我總是一笑而過，轉移話題。如果對方追問，我只能說：「這個不太方便說。」對話就到此為止了。

▶ **3. 不能通情達理的話**

在一些培訓課裡，我口若懸河、掏心掏肺的講道理，說那些自己走過的冤枉路、吸取的教訓，但學員很不買帳。其實，就是價值觀跟我有分歧。我只是用自己的經歷告訴大家一些道理，卻沒有站在他們的角度思考問題怎麼解決。沒有換位思考，就很難達成共識。

就算能夠「推己及人」，也是不夠的，我們怎麼能代表別人呢？我們怎麼知道別人是怎麼想的呢？我們在責備別人時，有沒有考量到對方所處的境遇呢？

去年冬天，同事發燒 38 度還在陪我跑培訓課，連飯都來不及吃。我自己不舒服的時候，經常瘋狂的工作，實在是撐不住了才會

休息一下。看到別人生病，我只是說一句：「按時吃藥，多喝熱水。」
沒有其他的安慰，沒有實質的問候，表現出來的關心缺乏溫度。

　　培訓也是一樣，我害怕冷場，就滔滔不絕的說，一個論點接著
一個論點，強行把自己的觀點灌輸給大家。我說的內容，學員們在
臉書、IG、影音網站上都能找得到，為什麼還要千里迢迢來聽我講
課呢？他們是想接收有溫度的訊息，想了解活生生的我。

第 5 章

修練心靈的藝術
── 自找煩惱的人生不如修練自己

煩惱已經成為現代人的通病。但是,讓我感到啼笑皆非的是,如果說困境、失敗讓我們感到煩惱,那麼尚且值得同情。但事實並非如此。我發現大多數人的煩惱是自我製造的。本節我將傳授一些消除煩惱、擁有正面、積極情緒的幸福之道,不管是真的煩惱,還是自找的煩惱,請及早試著去改變。我不會像傳統的心靈老師那樣,一味鼓吹要你放下、學會知足……我告訴你的是一些行之有效,且人人都能做到的幸福之道,而你需要做的,就是馬上行動。

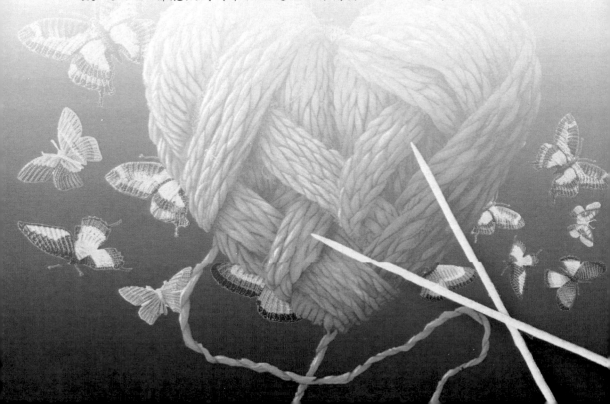

01.
抱怨的危害：負能量無人樂聽

開篇小談

　　大學剛剛畢業兩年時，到北部打拚，住在租來的房子裡，我覺得壓力非常大，心裡充滿委屈以及對未來的迷茫。我打算和我認識的一位培訓老師溝通，但他根本沒時間和我交流。

　　從那時起，我明白一個很淺顯的道理：不要到處訴說你的苦，別人沒有義務為你答疑、解惑，更沒有人願意聽到負能量。也就從那時起，我再也沒有向任何人抱怨過什麼。

　　身為一名諮商師和研究幸福之道的培訓師，經常有很多人向我訴說他們的抱怨、困惑、委屈，彷彿全世界都欠他。我也收過很多社群媒體的留言和私訊，多數也是向我抱怨自己的經歷有多不幸。剛開始，我都認真的一一回覆，但對方回覆我的，往往只有一、兩句話：「謝謝妳，我會加油的。」

　　後來，我明白了，他們向我抱怨，其實只是想找個傾訴的對象，並不是要我幫他們找答案，不是要我幫助他們。時間久了，每每再看到這樣的訊息，我就不會再一一回覆了。

　　有人說我高冷，其實，我只是想幫那些想從負能量中走出來的有緣人。這世界上，只有心理醫生願意聽你吐苦水，前提是，你得付錢。不然，哪怕是自己的父母，也不願意天天聽孩子抱怨。

【情景再現】

工作中，我有一個關係要好的同事，她工作上很照顧我，但就是有一個缺點 —— 她太愛抱怨了。不管大家出去玩還是吃飯，她都在抱怨她的工作多麼無聊，老闆多麼苛刻，彷彿她遇到的都是「人間極品」。

剛開始，我還耐心的開導她，後來我就默默的聽，不做任何評價。因為我已經詞窮了，不知道該說什麼。再後來，我和同事聚會，就不太願意叫她了，我們誰也不願意再聽到大篇的負能量。

工作上有點不愉快很正常，但是抱怨太多，只會讓老闆和同事懷疑我們的做事能力，缺乏執行力，一來二去，不久她就真的轉行了。

我記得有句歌詞是這樣唱的：「生活已經如此的艱難，有些事情就不要拆穿。」大家都為了生計奔波著，生活已經夠艱難，沒人想再聽負能量的抱怨了。

當別人發現耐心的勸你並不管用時，就不會有耐心繼續與你交往下去了。如果你每天都只會為這些無足輕重的小事斤斤計較，你最終也成不了大事。

高老師的幸福解析

見過太多的抱怨，我發現人們抱怨的無非就是生活不容易、工作不順心、家庭不和睦、感情不順利、人際關係不和諧……這幾件事，但我想說的是，這些困境是我們每個人都會遇到的，哪個人不是這樣度過自己的時光呢？

當我們在抱怨自己是世界上最不幸的人，但實際上比我們更不幸的人數不勝數。比起那些大起大落的偉人，我們這些都不算什

麼。比如和同事相處不開心、父母不理解我們的選擇、生病了高燒不退⋯⋯等，當你度過這些困難，回頭看看，會發現當時的自己實在是太幼稚了，就這點事也值得愁眉苦臉？

說到這裡，很多讀者可能會認為那些看起來很好的人，他們的生活一定是美好的，肯定沒有煩心事。事實上，家家有本難念的經，別人吃的苦，只是沒讓你看到罷了。

我有個朋友非常厲害，比我小兩歲，正職是廣告公司總監，廣告作品得過不少大獎，除此之外，他還是一名作家、主播、諮商心理師、心理催眠師、人力資源管理師。

他每天只睡 5 個小時，還每天堅持寫作，每篇不少於 3,000 字。他從來沒說過自己辛苦，也從不抱怨什麼。他說最多的話，就是：「我還得加油啊！」就沒有別的廢話了。

最後我想說的是：在人生的道路上，誰都有不如意的時候，別到處抱怨，沒有人願意聽到負能量，也別讓抱怨的陰霾蓋住我們幸福的影子。

高老師的幸福之道

一味的抱怨，只會讓眼前的灰暗阻擋我們尋找美好的腳步。撥開雲霧見月明，跳出眼前的不愉快，你會發現，生活不止眼前的苟且，還有詩和美好的遠方。關於如何讓我們不再抱怨的方法，我沒有一個行為準則可以告訴你，因為這是一件私人的、與個性相關的事情。

如果你真的很想擺脫抱怨和負能量，就試著問自己：我到底想要什麼？我這樣抱怨是否能得到我想要的？如果不能，下一步該

怎麼做呢？是不是需要新的目標和夢想，喚醒我們心中的那個巨人？想想那些振奮人心的目標，想想身邊那麼多值得感恩的朋友和家人，其實反過來再想一想，今天令我們不舒服的人，更是我們生命中的貴人，如果沒有他們，我們怎麼會有這麼大的動力前行？真心感謝曾經幫過我們的人，同時也感謝折磨過我們的人，正因為這樣，我們才有如此平衡的生活。向周圍的人付出和汲取更多正能量，讓自己的眼睛也能閃著亮晶晶的光芒，形成一個良性循環。

　　試試，每天早晨醒來告訴自己一個讓自己喜悅的好消息。我若盛開，蝴蝶自來，我是什麼模樣，就會吸引什麼樣的人來到我身旁。

02.
焦慮的散去：擺脫情緒的惡性循環

【情景再現】

上個星期，朋友跟我說了一件事：

朋友結婚已經三年了，夫妻倆關係一直滿好的。有一次，朋友在丈夫的外套上發現一根女人的長髮，不禁火冒三丈。朋友的丈夫是一家外商公司的高階長官，風度翩翩，很容易博得女性的青睞，這一點讓朋友更確定丈夫有婚外情。於是她用盡各種辦法調查，讓她丈夫十分苦惱。

聽完朋友的話，我立刻明白了，這是典型的焦慮情緒引起的現象。

高老師的幸福解析

其實，不僅僅是我這位朋友，在日常生活中，每個人都會出現這樣的焦慮情緒，哪怕只是一件雞毛蒜皮的小事，也會讓我們煩躁不已。對此，我記得歌德（Johann Wolfgang von Goethe）曾說過一句話：

「自己在一生中只有兩天是真正感到幸福的。」

這句話聽起來有點誇張，但事實的確如此。

對大多數人來說，只有當一切都非常順利時，我們才會感到輕鬆快樂。但是，人生就是充滿挑戰和艱險，怎麼可能一帆風順呢？

有句成語叫「樂極生悲」，就算當我們非常快樂的時候，也會擔心發生什麼不好的事情。

因此，我們要正確面對焦慮，焦慮帶給我們的，不是只有危害。我們需要把焦慮當成警鐘，它提醒我們要主動找方案解決問題。同時，焦慮也在保護我們的心靈，它會殫精竭慮地為我們依序調查一切有可能存在的危險，雖然它令我們非常不愉快。

現在，請大家仔細回想那些讓我們焦躁不安、痛苦萬分的經歷，就會發現，那些折磨只是為我們敲響危險的警鐘，就像油箱的油耗盡前的提示燈一樣。如果我們對這個提醒不重視，就可能會「油盡燈枯」了。

那這麼說，我們是不是可以放任焦慮自由蔓延呢？如果這麼想，那就錯了。如果一味縱容焦慮控制我們的情緒，最後可能讓自己跌入黑暗的深淵。生活中出現的焦慮情緒，大多是因為自己太過敏感，因此，就算什麼事都沒有，我們也會杞人憂天。

要怎麼判斷焦慮情緒是否有必要呢？可以從以下三個方面入手：

第一，焦慮的強度。每個人生活的環境不一樣，所承受的壓力也不一樣。有人感到偶爾焦慮，有些人卻經常如此，而且焦慮的強度還很大。

比如，有人總覺得自己的人生很失敗，什麼事都做不好；有人總覺得自己身處危機，十面埋伏……這些都是焦慮情緒，都是沒必要的。

第二，焦慮的作用。焦慮情緒的出現，是為了提醒我們要多關心自己的情緒，儘早調整，儘早解脫。假如我們不重視，不控制自己，焦慮就會無限蔓延，甚至轉化成憂鬱，以下就是一些因為焦慮

141

而產生麻痺作用的例子：

一個男孩總覺得女友劈腿了，因此對女友很冷漠；

一個歌手害怕自己唱的歌觀眾不喜歡，就害怕上臺演出；

一個女孩親眼看過一起車禍，終日躲在家裡不敢出門，害怕被車撞。

這就是從本質上改變焦慮的積極作用，這樣的焦慮也是不必要的。

第三，焦慮的範圍。先問問自己：「這件事真的值得焦慮嗎？」然後再對眼前的事情做出判斷。有些事情與我們無關，我們為什麼要擔心？有些事情是曾經發生過的，更需要忘掉不愉快的記憶。以下就是一些例子：

一個同事由於工作出現了嚴重的紕漏，被老闆開除了。於是，小莉也擔心自己會被開除；

一個消防員經歷了一場大火災，後來每晚都被噩夢困擾。

一個學生擔心第二天考試不及格，於是一整晚都睡不著，想像第二天考試的情景。

這些不必要的焦慮每天困擾著，它擋住我們前進的道路，讓我們的生活變得灰暗，失去克服困難的勇氣。如果不克服這些焦慮，就會產生惡性循環。假如我們每天被這些焦慮情緒困擾，該怎麼去追求幸福呢？

高老師的幸福之道

想要享受生活，懂得幸福的真諦，就要消除那些焦慮情緒。我們的心就像一個杯子，當杯子裡裝滿砂石，又怎能裝進清澈的水

呢？清除心中的灰塵，才能讓幸福的泉水源源不斷的湧入心中。

其實，我已經擁有一些方法，可以控制自己的焦慮情緒，雖然這些方法都不能達到立竿見影的效果，但只要我們持之以恆地加以運用，就能慢慢改善焦慮。想減輕焦慮，不妨試試以下兩種方法。

▶ 1. 冥想

冥想的功效有很多，這裡我們只把它用來緩解焦慮。冥想的方法，主要分三步進行：

第一步：找一個安靜的地方，以最輕鬆的姿勢坐下，挺直上身，慢慢閉上眼睛，把注意力集中到胸腔；

第二步：慢慢深呼吸三次，想像自己在一片廣闊的草地上，或是蔚藍的海邊，或你嚮往的任何地方；

第三步：在心裡對自己說：「生活很美好，我正享受這份美好，我接受並感受那些生活中的痛苦，經歷這份體驗，丟掉壓力，享受生活。」

我們要在輕鬆的環境下進行訓練，如果閃神，馬上集中注意力就好了。我們不妨把焦慮情緒當成朋友，與它和睦相處。你的安撫會讓它更加溫柔，然後慢慢消失。

▶ 2. 放鬆

這個方法每天都要進行，最好是一天兩次。大多數情況下，放鬆訓練會給我們積極的回饋，這個回饋是與焦慮情緒相對抗的。具體的步驟，分三步進行：

第一步：閉上眼睛，先收緊全身的肌肉，然後慢慢放鬆；

第二步：等到心情完全平靜下來，我們可以默默問自己三個問題：

◆ 我感受到了什麼情緒？

◆ 什麼原因讓我有這樣的情緒？

◆ 這件事除了現在的情緒，我還能做些什麼，讓事情越來越好？

　　第三步：對三個問題進行思考，我們會發現，事情並沒有那麼壞，所有焦慮情緒只是表象，當我們面對並經歷時，心情就重新回歸到平和。

　　放鬆訓練結束後，心情就慢慢平復了。如果想讓焦慮情緒慢慢消失，那就要長期、堅持訓練。

03.
心靈的私語：悄悄話改變生活的色彩

開篇小談

　　我經常看到一種現象：當我們有了情緒後，喜歡找人說說話，跟別人分享自己的感受，想得到某些安慰。然而在我們天南地北的暢所欲言時，有沒有想過，找一個安靜的時間，和自己的心靈說悄悄話呢？

【情景再現】

　　我有一個同事，她特別熱衷於在社群媒體上發文。但奇怪的是，她的文章沒有人能看得懂，倒不是說她文筆不好，而是寫得東一句、西一句，既沒有主詞，也看不出是什麼事情。

　　於是我問她：「妳每天都在發文，可是誰也看不懂啊！妳都寫了些什麼呢？」

　　她笑笑說：「沒必要讓別人看懂啊！因為我是寫給自己看的。」

　　「寫給自己看？那有什麼意思？既然是發文，當然要跟別人分享妳的心情。」我不理解。

　　「有人發文是為了和其他朋友分享，但我卻不是。」她搖搖頭說：「我在社群媒體上寫文章，其實就是為了和自己說說話，把事情寫一遍，好像在自言自語，也不用寫得非常清楚，反正自己懂就好

了。我喜歡這種和自己對話的感覺，尤其遇到不開心的事時，這樣『說』一遍，就能發洩一下，重振信心，就不會有負面的情緒。」

聽到同事的解釋，我才明白，原來她在社群媒體上發文，是為了和自己對話。這是對心靈的慰藉，也是使心靈獲得力量的好方法。

不久後，我又在網路上看到一篇新聞報導，說據可靠的研究顯示：每天和自己說話，不僅可以緩解負面情緒，還可以治療失眠和憂鬱症。

高老師的幸福解析

看來想要讓自己獲得身心健康，從容不迫地面對人生，一定要多愛護心靈，經常與它說悄悄話。

有些人遇到挫折或不知道如何處理事情時，會先找朋友傾訴，這也並非不可以。只不過若控制不好，很容易讓自己變得令人厭煩。況且就算別人給我們建議，我們也無法客觀清楚地分析這對我們是否真的適用。

有些人選擇用痛哭的方式處理壓力，緩解情緒，但除了會把眼睛哭腫之外，什麼問題也解決不了。

有些人脾氣暴躁，經常與人吵架，遇事就摔摔打打，更解決不了問題，還會嚴重損害形象。

所以，當我們遇到傷心、難過、焦慮、緊張等負面情緒時，不妨與心靈說悄悄話，我們可以大聲吶喊，也可以輕輕地訴說，還可以寫部落格。

這種方法不必擔心別人會厭煩；不必擔心哪句話說得不好，會傷到別人；也不必絞盡腦汁地措辭；更不必擔心別人會把自己所說的話洩露出去。

最主要的是，與心靈說話可以讓我們快速冷靜，客觀地分析事情的前因後果，找出最好的處理方法。

當然，在最開始和心靈說話時會感到彆扭，但不要羞澀，你可以試著從一兩句開始說，慢慢地你會發現，在這個過程中，心靈會感到溫暖，壞情緒會得到緩解。

高老師的幸福之道

對於負面情緒，我的其中一個很重要的幸福之道，就是 ── 與心靈說悄悄話。雖然，它不能給我們語言上的回應，也不能安慰我們，更無法明確地告訴我們該如何解決問題，但它卻能讓我們冷靜，並依靠自己的力量面對困難，面對生活。

你一定會問：什麼時候和心靈說悄悄話，怎麼說呢？這正是我想告訴你的方法。

▶ 1. 在情緒低落的時候

我們難免會碰到心情不好，每當此時，會特別低落和消極，甚至認為自己是最差勁的，什麼都做不好，沒有人喜歡我們。這種壞情緒對我們的影響很大，如果不及時緩解，會讓我們對生活完全喪失信心。這時我們就該和心靈說悄悄話了。

我們可以在臨睡前，對自己說：

「今天雖然做錯了事，但沒關係，下次就會好的。」

「上司又罵我了，不過那是我經驗不夠，以後一定會注意的。」

「今天過得真糟糕，不過不要緊，睡個好覺，明天一切都會好的。」

「你很好，只是有點緊張才會出錯，多鍛鍊一定可以的！」

……

這些話會帶給心靈正面暗示，有助於驅散煩惱，恢復信心。等到第二天醒來時，會發現低落的情緒已經不再困擾我們了，希望的陽光高高地掛在天空上。

2. 在面對榮耀的時候

每個人都是虛榮的，這是人的本性，尤其是面對榮耀時，我們更容易頭腦發熱，變得很不清醒。這個時候，我們就該和心靈說悄悄話了，它會為我們找到迷失的自己。

我們可以在榮耀中對自己說：

「你的確做了一件漂亮的事，但這只是個起點，並不是終點。」

「別人雖然誇獎你，但並不代表你沒有缺點，要繼續完善自己。」

「可不要飄飄然哦！也許別人不知道你的缺點，但你可不能裝作沒有哦！」

……

▶ 3. 在心靈浮躁的時候

在這個物質欲望濃厚的社會，心靈很容易變得浮躁，對任何事都沒有耐心，做事不認真，總是得過且過。在這種時候，一定要讓心靈冷卻下來，哪怕給它潑一盆冷水，也在所不惜。

我們可以在浮躁時對自己說：

「德不配位，必有災禍。」

「上帝讓一個人滅亡前，必讓他猖獗。」

「我需要腳踏實地。」

「要冷靜，好好向內看，才能厚德載物。」

……

▶4. 在寂寞侵襲的時候

當我們還沒找到愛情，被孤獨與寂寞侵襲，這時很多人可能會胡亂找個對象來慰藉寂寞的心靈，但這會妨礙我們尋找到真愛，在不適合自己的感情中耗費精力。

我們可以在真愛還沒有到來之前，對自己說：

「我愛你。」

04.
運動的益處：身體健康帶來心靈愉悅

開篇小談

　　讓我們感到不幸福的情緒，是一種綜合性的情緒障礙。既然是綜合性的，那麼它的特徵也是多方面的，比如看任何問題都是消極的，沒有正能量；遇到困難不積極想辦法解決，總是往最壞處想，因此喪失信心；會因為一些很小的事情感到傷心、煩惱，所以常常感受不到幸福……

　　很顯然，這麼多顯著的特徵，從任何一方治療，都是收效甚微的。說到底，還是心態問題 —— 也就是心態不平衡導致的問題 —— 所以，從心態入手才能切中要害。但是心態的改變和培養，不是一朝一夕的事情，許多類似心靈雞湯的書，都在宣揚心態的重要性，好像只要心態變好了，什麼事都能解決。

　　在此，我想說的是，培養和改變心態的確可以產生調解情緒的作用，但我們大部分人一旦有了情緒，心態是不容易被改變的，如果這時只是從心態方面入手，是會恰得其反的。因為，反抗心理是人的天性。

　　當然，我並不是說培養和改變心態是沒有意義的，有一些偶爾的情緒，是可以透過調整心態改變的。但是大部分的情緒需要我們馬上進行調節，它不是單純的讀讀調整心態的文章，就能得到控制的。

在這裡，我教大家一個方法，這個方法是每個人最容易做到，也最為有效的，那就是運動。

這個調節情緒的幸福之道並不是我發明的，我也是透過閱讀大量書籍和眼見為實，總結出來的。

心理學專家們對 2,000 名男女，共 18 年的觀察，證實長期堅持，積極、大運動量的體能訓練者，其幸福感明顯高於完全不運動者。

為什麼運動與幸福之間有關聯呢？

據醫學研究發現，每個人的精神、心理和身體狀況，是連繫在一起的。當我們進行運動後，身體就會發生一系列化學變化，使我們的血液產生讓人快樂的物質，這些物質會讓我們感到幸福。

【情景再現】

2013 年時，由於投資失利，我 3 個月損失了 400 多萬。要知道，這筆錢對富有者來說，可能不算什麼。但對我來說，這幾乎是我的全部家當。當時，我的心情糟透了，感覺自己跌落到人生低谷，看不到一絲光亮。那段日子，我幾乎天天失眠，整夜睡不著覺。

這時，我想起了運動的方法。於是，我每天早上起床，換上運動服，去附近的公園進行 30 分鐘的晨跑。晚上回到家後，我也會在家做瑜伽或者去外面散散步。幾天後，我驚奇地發現，我不再失眠，情緒也好多了，心裡雖然仍為失去的這 400 多萬感到心痛，但不會再痛苦不已。

堅持了半個月後，我的情緒徹底好了，心裡也豁然開朗，認為不就是 400 多萬嘛！以後我還會賺回來的。

高老師的幸福解析

相信我，這就是我的真實感受。我親身體驗了這個方法的作用，證實這個方法的確有效。不信，你可以試試看！

但是，要注意我這裡所說的運動，必須是真正的運動。所謂真正的運動，是指提高心跳且流汗超過 30 分鐘的運動。如果我們每週運動不超過 80 分鐘，對我們調節情緒、獲得幸福感毫無幫助。但如果我們每週運動達到 3 小時，則會有很大的改善。

因此，我給大家的建議是：每天運動 30 分鐘，每週運動 6 天，即可改善情緒，獲得幸福感。

高老師的幸福之道

與其深陷負面情緒無法自拔，不如利用運動來調節情緒，提高我們的幸福感。

關於如何運動，事實上，任何形式的運動，哪怕是種花、旅遊、散步等，都能產生調節情緒的作用。特別是一些帶有集體性的娛樂運動，比如跳舞、登山、打球等，可以瞬間消除緊張和壓力，產生一種自然而來的幸福感覺。

但是，需要注意的是，在不同情緒狀態下，適合不同的運動。換句話說，當我們處在什麼樣的情緒，就可以選擇什麼樣的運動來獲得好心情。在此，我提出以下四個方法：

▶ 1. 焦慮情緒適合的運動：慢跑、瑜伽、游泳

當我們焦慮時，常常會伴有神經功能打亂的情況，比如出汗、心跳加速等。在這樣的情緒狀態下，最好選擇一些能讓我們身心舒

緩、平靜下來的運動。而慢跑、瑜伽、游泳等運動，就是不錯的
選擇。

▶2. 緊張情緒適合的運動：排球、籃球、足球

這些球類運動由於賽制非常緊張，往往需要冷靜、沉著的應
對。經常進行這些球類運動，不僅可以緩解情緒，還可以預防
緊張。

▶3. 憂鬱情緒適合的運動：快跑、網球

當我們感到憂鬱，這時不宜選擇太複雜的運動，最好選擇簡
單、便於操作且激烈的類型，這樣會轉移我們的注意力，走出憂鬱
的困擾。

▶4. 憤怒情緒適合的運動：登山、快跑、網球、器械運動

當我們感到生氣時，可以選擇一些消耗體力的運動。我們運動
時，可以把心中的憤怒發洩掉，自然也就不生氣了。

05.
情感的自由流動：哭出開心，笑得失聲

高老師的幸福解析

我們在悲傷的時候會哭，在高興的時候也會哭，比如喜極而泣。很多時候，我們用哭來表達內心的情感，同時，這種哭也產生發洩情緒的作用。

同樣，我們在開心的時候會笑，在憤怒的時候也會笑，比如怒極反笑。笑也是表達內心情感的一種方式，跟哭一樣，它也承擔著發洩情緒的功能。

很多心靈雞湯、傳承幸福之道的老師、修道者，都會向人們宣揚「放下即快樂」的幸福理念，但我卻不這樣認為。對那些承受極大痛苦的學員和朋友，我常常跟他們說：「哭出來吧！哭出來就會好一些。」如果對方真的哭出來了，其悲傷的情感就得到發洩，積聚在內心的悲傷就會減少，人就感覺輕鬆很多。

發洩是緩解壓抑情緒、釋放壓力非常有效的方法，也是預防各種疾病，尤其是心血管疾病和腫瘤的良藥。一個善於發洩的人，他的心理往往是健康的。

這個緩和負面情緒的幸福之道，不僅僅是我的理念，美國聖保羅一間醫學中心精神病實驗室專家透過長時間的研究發現：悲傷、痛苦、煩惱、緊張、焦慮，甚至是肉體上的疼痛，都可以透過哭泣來傳遞。當我們出現這些情緒時，如果適時哭泣，情緒將會有所好

轉。但如果我們強忍眼淚，不哭出來，則可能會對身心造成傷害。

　　所以，我給大家的建議是：在遇到傷心事時，可以找個地方放聲痛哭一場。流淚後的心情往往會好受許多，這是由於悲傷引起的毒素，透過眼淚得到發洩的原因。

　　說到哭，在我們的印象中，女人最擅長此道，甚至達到「信手拈來」的地步。事實上，我知道女人哭不一定是一種軟弱，而是一種自我保護。相反，不哭、強裝笑臉，反而無益於身心健康。心理學研究發現：我們在傷心時哭出來的淚水，其蛋白質含量很高。這種蛋白質是因傷心時身體產生的有害物質，如果我們不哭出來，有害物質就會積聚在體內，對身體健康很不利。

　　我們都知道一個事實：女性的壽命通常比男性長，其原因除了女性特殊的生理結構，女性喜歡哭，也是一個非常大的因素。女性在傷心時，大多會選擇哭泣，這樣會讓情緒得到好轉。

　　所以，我認為強忍眼淚就等於「自殺」。不管出於什麼原因而哭，哭泣都能產生非常重要的作用，即排解不良情緒、減輕心理壓力。

　　不過，我要告訴讀者，哭不宜超過 15 分鐘。當我們透過哭泣發洩出壓抑的情緒後，就不要再繼續哭泣。因為腸胃機能對情緒極為敏感，如果哭泣的時間過長，會導致胃酸不足，影響食慾，產生胃部疾病。

　　哭是一種情緒的發洩，笑同樣也是。

　　我們生來就會笑，但我們卻很少知道，笑也是一種很好的健身運動。我們每笑一聲，全身大約有 80 多塊肌肉在運動。如果笑 100 次，對心臟和肺功能的鍛鍊，相當於跑步 10 分鐘的運動效果。然而，當我們成年後，大多數人的笑容越來越少，有人甚至一天都難得會笑一次。從健康的角度來說，這是令人遺憾的損失。

另外，笑也是一種心理狀態的表達。我發現，一個愛笑的人，不僅常常擁有好心情，也可以感染他人的情緒。這是因為笑會引發大腦中的正向情感，讓我們真正愉悅起來。

所以，我給大家的建議是：每天清晨對著鏡子練習微笑，可能會因此而改變不快樂的心情。另外，如果早上走進辦公室時，總是微笑跟同事打招呼，那不僅會為自己帶來一天的好心情，還將收穫更佳的人際關係。

笑的積極、正面意義，展現在許多方面。這一點我絕非危言聳聽，而是查閱了許多心理學書籍得出的結論。心理學家研究發現，笑會加速心跳，增加對大腦的供氧量，從而提高大腦的工作效率，提升我們的思考能力。

最後，我還想告訴大家，開懷大笑可以瞬間消除疲勞，所以請大家不要一天到晚把自己弄得像個木頭人，不會笑也不會哭。傷心時就找個地方哭一下；在工作之餘，不妨幽它一默，開個小玩笑，在笑聲中放鬆心情。

高老師的幸福之道

哭和笑都是發洩負面情緒、擁有健康心理的有效方法。很多人總是有意地壓抑、刻意地偽裝，不讓這些自然情感真實流露出來。這種做法實際上不利於我們的健康，所以，我們需要平常就有意識地找個藉口痛快地哭，失聲地笑，這樣身心才會真正健康。

至於如何哭和笑，我想我不必再教大家方法了吧？如果你實在哭不出來或笑不出來，我建議你可以去看一個喜劇或悲劇電影，我平常也是這麼做的。只是別忘了，哭的時間不要超過 15 分鐘。

06.
語言的力量：改變字眼，改變生活的觀感

┃開篇小談┃

　　多年來，我一直在尋找一個能夠幫助人們快速轉變糟糕情緒的技巧，經過我多年的觀察和研究，終於找到了一個方法，那就是：說話的時候改變關鍵性字眼。

　　語言是奇妙的。能改變我們的思維方式、堅定我們的意志、壯大我們的膽識，讓我們勇於面對一切挑戰。但是，日常用語的習慣也會影響自身的感受，以及對自身的認知。如果不掌握好表達習慣，不加以識別，那麼就可能因為用詞不當而扭曲事實。

　　如果我們留意自己平常說的話，就會發現，我們所說的話，對情緒有很大的影響力。

　　總結歸納日常生活中所說的話，我將它們分成以下三類：

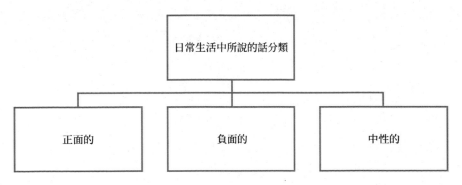

日常生活中所說的話分類		
正面的	負面的	中性的

我們使用不同類別的字眼，會為生活帶來不一樣的改變。

比如，我們動不動就說「討厭」——「討厭」自己的頭髮，「討厭」自己的工作，「討厭」這、「討厭」那……當我們「討厭」的次數多了，負面的情緒狀態是不是就更加厲害了？這樣就把「我喜歡」的這種句式拋在腦後了。

當我們使用具有「情緒引導」作用的字眼時，就會驚奇地發現，這些字眼具有改變情緒的妙處。

多年來我親身觀察發現，說話時只要改變關鍵字眼，就會立刻改變人的情緒和思維，從而關閉負能量。

於是我也開始審視自己的感受。對此我的想法是什麼？多年來我一直堅信，即使生氣，我也能控制好局面，但我認為自己並不是非得要生氣才能做到，在高興的時候，我也可以做到。結果是，我並沒有避開「生氣」的情緒，只不過在那樣的情況下，我使用了「不快」一詞，在「不發怒」的情況下，我也可以展示自己的長處。

令我覺得有趣的是，面對同樣的事情，人與人各自表達感受的字眼是不一樣的。有人用「生氣」和「不安」，有人憤怒不已，而有人似乎沒有太多感覺。我問一個做生意的朋友：「上次對方開錯一張鉅額罰單，你花了兩年半的時間才把錢追回來，那時候有沒有讓你怒不可遏？」朋友回答道：「沒有，我只是有點『遺憾』。」

就「遺憾」這麼簡單？這令人難以置信，我從來沒有使用過這樣的字眼來形容自己的情緒。在那種情況下，一個成功的商人，怎麼可能用冷靜的語氣說出「遺憾」？事實上，他不需要強裝鎮定，的確在很多時侯，那些會把我們逼瘋的事情，他都能泰然處之。

我開始想，如果我用這個詞來描述我當時的情形，我的感受會怎

樣呢？我想我得好好研究。接下來幾天，這件事一直在我腦中盤旋，心想如果我在狂怒時，也使用這樣的字眼，不知道怒氣能否消減。

【情景再現】

　　終於有一天，機會到了。那次我長途奔波，去另一個縣市為學員上課，晚上，我來到事先預訂好的酒店。到達酒店櫃檯時，服務人員說現在沒有空餘的房間，也沒有看到我的任何預約資訊。於是，我拿出手機，給他看我預約成功後的簡訊。

　　服務人員要我等一下，他再查詢。於是，我就站在櫃檯，當時我已經疲憊不堪，只希望盡快撲到床上，好好睡一覺。然而，工作人員無精打采、慢吞吞，一舉一動都漫不經心。我胸中的怒火一下子就竄上來了，真想好好教訓他一下。

　　就在火氣升起之際，「遺憾」這個字眼就浮現出來了。當時，我想試試看，使用這個字眼會不會讓我的情緒好一些。於是，我對服務人員說：「先生，我知道這不是你的問題，可是時間很晚了，我又很累，我很希望有個房間可以洗澡、睡覺。我已經站在這裡很久了，這讓我對你們的服務有些遺憾。」

　　聽到我這麼說，服務人員詫異地看了我一眼，隨即不好意思地笑了笑。我也回以一笑，怒氣剎那間全消。我隨即冷靜下來，那位工作人員也馬上加快速度。我只不過是換了一個形容的字眼，情緒馬上就有了 180 度的扭轉，這是不是太不可思議了？更令人驚訝的是，這麼做還真不困難。

　　在接下來的幾週裡，我反覆嘗試這個字眼，我發現每次只要運用這個字眼，真的可以冷靜下來，把自己從發怒的邊緣拉回來。不

到兩個星期,「遺憾」一詞已經成為我的習慣用語,不用我刻意為之,就能脫口而出。每當我想發脾氣時,這個字眼就自然而然地成為我形容情緒的第一選擇,我從此很少會「大發雷霆」了。

我越來越相信這個偶然發現的詞句力量!透過改變日常的使用詞彙,我正在改變我的情緒感受,我把這些詞稱為「轉換詞彙」。後來,我又逐漸嘗試其他字眼,發現它們也都具有使人平靜的功效。

高老師的幸福解析

那麼字眼是如何發揮作用的呢?我分析給大家聽。

我們是透過五大感官把周圍的視覺、聽覺、觸覺、嗅覺和味覺等各種現象輸入到腦中的,然後經過感官的「詮釋」,這些現象轉化為內心的種種感受。不過這些需要分類歸納,那麼我們是如何得知圖像、聲音等種種現象的意義呢?最有效的方法,便是為它們貼上標籤,這就是我們說的「字眼」。

這裡就產生了一個問題:我們透過五大感官來傾注各種感受,這時候,字眼就是一個個的「模子」,而感受就是要「澆鑄的液體」。在這個過程中,我們會快速下決定,而不在可用的字眼中尋找更為合適的「模子」,更糟糕的是,還經常把感受倒進消極、頹廢的「模子」裡。

當我們動不動「憤怒」、「失望」、「倒楣」和「不安」等字眼掛在嘴邊時,實際情況也許並非如此糟糕,但是這樣一來,似乎還真的成為自己真正的遭遇,結果「小事一樁」變成了「天塌下來」。

所以,當我們有負面情緒時,只需要改變負面口頭禪,換成積極、正向的字眼,馬上就能從糟糕的情緒走出來。

高老師的幸福之道

　　平常說話用的詞彙，會在潛意識裡告訴我們相信的感受，也就是說，詞語催生了情緒反應。如果說話時改變關鍵字，用積極正面的字眼，我們就能瞬間獲得快樂的情緒。這就是我關於調節情緒的幸福之道。

　　也許，有的讀者會提出質疑：高老師說使用積極正面的字眼，會帶來積極的情緒，難道我們要把日常使用的字眼更換掉嗎？當然不是，你只需要改變幾個關鍵性的字眼即可。如果你還不相信，那不妨試一試。

　　找一張乾淨的白紙，寫下 8 個會讓你產生負面情緒的詞，然後再從字典中，找到 8 個新的、情緒相對弱化的詞語，比如：

1. 討厭 —— 不喜歡
2. 愚蠢 —— 不足
3. 滾開 —— 你走吧
4. 驚慌 —— 不適
5. 壓抑 —— 透透氣
6. 侮辱 —— 誤解
7. 倒楣 —— 有挑戰
8. 神經病 —— 精力旺盛

　　把這些詞語運用到生活中。你會發現，如果能連續 4 週有意識的改變，就可以打破舊有的情緒模式。

　　試試看，如果把「我需要改變」，換成「我需要進步」，這就暗示了自己會越變越好，自然就樂觀了起來。

第 6 章

領悟生命的奧祕
—— 從挫折中奮起，勝過人生困境

　　古語說「天無絕人之路」，所謂「絕境」，只不過是源於一個人心靈上的絕望，產生於主觀意識中的自我否定。其實，在一定條件下，只要還有「走出來」的信心，看似走投無路的絕境就會慢慢發生轉變。走出絕境，更需要不失堅定的信念，不自我放棄、不自我否定。一個放棄自己的人，就會被命運之網束縛；而一個勇於和絕境挑戰的人，才有可能守得雲開見日出。

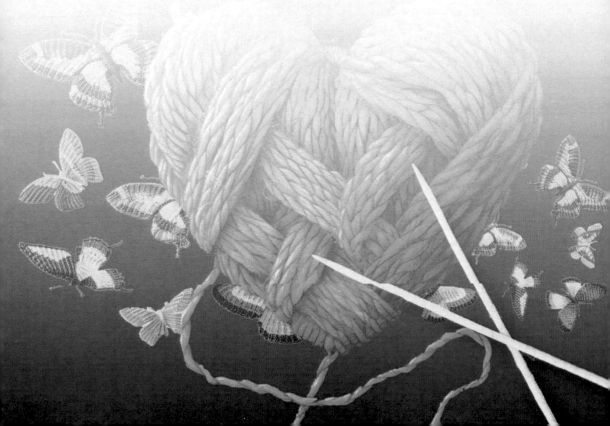

01.
懷才不遇的省思：真的發揮了自己的才華嗎？

在我身邊，常常有一些運氣不佳的「千里馬」，他們本以為自己是人群中最璀璨的星星，卻因生不逢時，被淹沒在人群中隨波逐流。是懷才不遇？還是伯樂太少？又或者是「千里馬」對自身定位不夠準確？

對這些因「懷才不遇」而滿腹牢騷的人，我是深表懷疑的。你常常說自己懷才不遇？你拿什麼證明你的才華呢？

如今，網際網路及自媒體開始盛行，也更容易讓我們展現才華。如果我們有才華，在這個資訊爆發的時代，有更多機會得以展現才對，那「懷才不遇」又從何談起呢？

市場一向是往利益趨近，好的東西是不會被埋沒的。優質的東西一定會受到市場的追捧，因為好東西總是出類拔萃、少之又少的。

因此，如果我們才華橫溢、滿腹經綸，請不要為我們的未來擔心、焦慮。

剛大學畢業時，我也曾一度認為自己有非凡的才華，只是缺少機會而已。後來工作久了，我才慢慢明白，自己僅僅是某一方面比別人稍強一點點，而就是這一點點，讓我高估了自己。

所以，我總結出這個關於困境的幸福之道，如果一直認為自己懷才不遇，哪只有兩種可能：一是我們沒有足夠的才華；二是我們懷揣的根本不是才華。

不要認為這句話傷人，事實的確如此。在社會上，我經常看到有很多年輕人一副眼高手低的樣子，他們以為自己光芒四射，沒想到現實社會是天外有天，人外有人，於是開始抱怨自己是「懷才不遇」。

對這樣的年輕人，我想說的是：年輕就是資本，我們不必害怕跌倒，就算跌倒了，也可以隨時東山再起，再次起跑。而這些挫折，會磨礪我們的心智，讓我們得到錘鍊和成長。當我們足夠強大，為了機會全方面做好準備時，機會就會來到我們面前。

所以與其抱怨「懷才不遇」，不如多從自己身上著手，提高自己的實力。懷才就像懷孕，時間久了，底蘊夠了，自會被人識別出來。我們常說的「厚積而薄發」，就是指人生需要蓄勢，才能待發。想得到他人承認與重用，必須要有鶴立雞群的資本。從古至今，多少偉人都是從一粒無人問津的「沙子」，慢慢變成「珍珠」的，其間經歷的辛酸和困苦，無以言說。所以我們說，「不經歷風雨，何以見到彩虹」？

【情景再現】

我認識一位非常優秀的學員，他是一所知名大學人力資源管理系的學生。大學畢業後，他順利應聘，在一家著名的企業工作。工作一年後，他卻還是個人事助理，為此他一直心有不甘，特別是最近晉升的人事主管，各方面履歷都不如他，更讓他覺得公司的選拔機制不夠公平。

糾結一週後，他決定找上司談談。經理問他：「你很上進，我很讚賞。那你跟我說，你對人事主管這個職位有什麼看法？」

他說：「我覺得我完全可以擔任人事主管這個職位。」

「好，那麼你說說，人事主管都負責哪些工作？勞工管理的相關要點及法規有哪些？」

「人事主管就是協助部門經理管理整個部門的工作……具體有哪些？我還沒有想過。至於勞工管理的相關要點，不就是到期要續簽，休假、薪資等方面有規定嗎？……」他覺得自己說得雜亂無章、毫無條理，他認為只要給他平臺，他自然就會了。他心裡嘀咕道：「你又沒有讓我全權負責那些事，我怎麼會知道呢？等我當了主管，自然就都清楚了。」

經理說：「你積極進取，我很開心。平時你也能夠認真完成部門交代的各項工作。但是，這還不夠。人事主管是一個管理職位，你目前對職位的職責尚不夠清晰，又沒有獨立從事過相關工作，所以我還不能把這次晉升機會讓給你。只有當你從人事輔助性的工作轉為承擔人事部門主導性的工作後，再加上你主動學習和提升，才有可能在職業發展上更進一步。當主管不是說要當就能當的。一年來，你對簡單的執行工作做的很到位，但對統籌這個部門而言，只能說，我目前還沒發現你具備這方面的潛力。」

經理的這番話，讓原本理直氣壯、憤憤不平的他，不好意思地回到了座位上。

風箏飛不上天，是因為被人所牽制。而真正能夠翱翔天空的飛鳥，是因為牠們自己具備展翅高飛的能力。所以當我們還無法嶄露頭角、落入凡間時，記得仰望天空，為更高的目標奮鬥，也要記得虛心面向大地，為明天的翱翔做好準備。

高老師的幸福之道

常常認為自己「懷才不遇」，並不是真的有「才」。不管什麼，紙上談兵都是枉然，我們需要做的，是拿出實力、向別人證明你的才華——如果你真的擁有的話——如果你懷的不是「才」，那可以沉下心來，學習與成長，獲取才華。這才是面對困境該有的幸福之道。

對於如何走出「懷才不遇」的困境，我並沒有真正具體的方法可以教大家，唯一可以告訴大家的是——學習。向身邊有才華、有經驗的人學習，唯有學習，才能讓我們擁有真的「才華」，走出「懷才不遇」的漩渦。

02.
人生的不公平：微笑迎接生命的種種挑戰

情景再現＋幸福解析

在人的一生中，誰都會遇到不公平。我高中的那段經歷，至今回想起來，仍讓我覺得是一段彌足珍貴的人生經歷。

當我以優異的成績考進明星高中時，我信心滿滿，覺得自己是一名既有天賦，又有學習方法的「學霸」。

然而入學沒多久，老師就對我們進行一次智力測驗。我本以為自己的分數會很高，沒想到我的智商平平，在同學裡屬於中下程度。而那幾個我看不上眼的同學，他們的分數竟然超過 130。

當時我被深度打擊了，老師還特別提到一名同學，告訴我們：「你們別看他平時上課心不在焉，也不勤奮，到後面你們就知道他的厲害了。」

老師雖這麼說，但我心有不甘，為了證明自己不比他們差，我買了大量的講義和練習本，希望用笨鳥先飛的方法，彌補自己智商平平的劣勢。但事實證明，我還是高估了我自己。

這種差距是什麼感覺呢？就是那些高智商的同學們，每天睡午覺、打籃球、看課外書籍、打電動，而你不是在寫練習題，就是在背誦。你花了半天才解出來的難題，他們可能只需要一小時。

班上有一個女生，每次上課從來不聽講，不是在偷看漫畫，就是在看課外書籍，偶而看老師幾眼，但她的成績一直穩坐班級前三

名；另一名男生，在班上更是神龍見首不見尾，成天參加各種校園活動，做事也慢吞吞，但就算這樣，他也一直穩居班級前十名。

不得不相信，原來人與人之間，真的存在智商的差異。所以，學會「承認差距」是我學到的、關於人生不公平的第一件事情。

高中畢業後，我最後一次去學校時，無意間聽到家長的閒聊，讓我得知了一件事。原來有些學校，每次完成招生錄取後，都會預留一些空餘的位子。這時候，學校就會進行第二次招生，那些腰纏萬貫的父母，就可以輕易透過金錢關係，從而獲取為數不多的「特招」名額。

所以，我學會的、關於人生不公平的第二件事情就是：既然我們的起點不如人家，後天就必須努力。沒有傘的孩子，得學會自我飛翔。

進入大學後，有一位同學常常向我傳達「人同，命不同」的各種理論，對各類社會現象非常關注。

有一次，他對我說：「你知道嗎？比起都會區，偏鄉地區的教育資源比較落後，人力資源也很缺乏，就因為我們居住的地區不同，我們就不能在同一條起跑線上競爭。」

所以，「盡人事，聽天命」是我學到的第三件事情。

雖然現在我已然是一個中年人士，但這些事情，每每想起來，就像昨天發生的一樣清晰。每一次回顧和反思，我都會有新的體會與總結。在這種反覆的總結中，我終於能坦然面對一切不平之事，學會用微笑去接納人生的不平和委屈。

要明白，每個人的人生都是獨一無二的，都有自己獨特的生命曲線，與其羨慕他人，不如踏實走好自己的路。每一個關口，都不能迷失方向，每一步，都要拚盡全力，我們的人生，也會因為我們的努力而燦爛。

高老師的幸福之道

要知道，世間萬物都是「有所失必有所得」，失之淡然，得之坦然，以一顆平常之心看待世事，我們方能獲得幸福的真諦。

▶ 1. 學會平衡的生活

所謂平衡，就是指生活要兼顧各個方面，不要讓某件事情重量失衡。

豐富的生活，會讓你的人生天平有許多新的支點和負荷，這樣，在你失去一點時，不足以影響到天平的平衡。

而這種平衡的生活方式，會讓你不會過於在意失去的痛苦，能讓你感到幸福。

▶ 2. 不必把身外之物看得太重

金錢、地位、權利……等都是身外之物，不要過於苛求。

人的欲望是永無止境的，財富的數量也是沒有上限的，我們就算窮其一生，也看不到它們的終點。

所以不如學會知足常樂，看淡得失，灑脫一些，失之東隅，收之桑榆。

▶ 3. 可以失去，但總要保留底線

儘管有捨才有得，但人是需要氣節和底氣的，也就是說，做人要高風亮節，有些東西是不能丟失的，比如誠信、善良……等。

人之初，性本善，這些生命最本質的特質，我們不得拋棄，因為它們是生命不竭的動力和源泉。

03.
苦難的必然：每個人都會面對的酷刑

開篇小談

這麼多年以來，我一直在研究如何讓我們走出困境的幸福之道，為此我查閱了很多心理學書籍，也向很多名師請教。

我發現一個很有意思的走出困境的方法 ── 多走幾步。表面看起來，這個方法並沒有實質性的用途。多看幾遍，也許會明白這其中苦澀。

對大部分人來說，到底何為困境呢？

總結起來，人生的困境莫過於大考失利、畢業即失業、沒錢、沒車、沒房、與戀人分手、突然被解僱、家人重病……這些人生困境，有時甚至以不同的排列形式組合，出現在我們的生活中，猶如一道道酷刑，讓我們奄奄一息，彷彿人生走到末路。

【情景再現】

對我來說，人生中的絕境和改變，是從 2009 年 3 月 4 日開始的。

在培訓課上，這段故事我無法迴避，每每談起，我只是匆匆帶過，沒有向任何學員透露太多細節。原因是因為我尚未走出悲痛，無法平靜回顧，更不想吐露當時的迷茫和脆弱。也許，今天，在這本書裡，我可以輕鬆面對這段過去，寫下內心的感受。

在全力以赴的研究我的幸福之道時，我接到家裡的電話，待我

匆忙趕回家時，媽媽已經永遠離開了我。

跪倒在媽媽床前，我人生所有的眼淚，彷彿都在那一刻流盡。自此以後，我便很少再哭，痛到極點，心就不會再輕易痛了。

雖然這並不是我第一次面對親人的去世。在我上國中時，把我撫養長大、也最愛我的奶奶去世了。那時的我，因為年紀還小，只知道哭，哭了好幾天。如今，身為一個成年人，面對媽媽的去世，對我又是很大的觸動。

對像我這種一個長期在外奔波的人來說，媽媽就是我的精神支柱，是我的一切。我在媽媽的墳前待了很多天，頭腦一片空白，除了傷心、苦澀、流淚，我不知自己何去何從？

爸爸因過度悲痛，暴瘦好幾公斤，面對突然的噩耗，他不僅要調整自己的情緒，還要牽掛我的狀態。

雖然我當時已在北部工作，但每天工作時間長、收入也不高，只能維持基本生活。工作上沒有成就，精神上也沒有寄託。我既擔心爸爸以後的生活，又煩惱目前收入太低、無法承擔家裡的重擔。

我開始悲泣命運的不公，責怪蒼天大地，後來我發現這一切都無濟於事。

媽媽走了，就算她是世上最好的好人，她用她的無私和關愛，幫助了無數的人，但誰又能保證好人一定會好命？誰又會來主動幫助我們？

我沒想到我的獨立生活才剛剛開始，就失去了前行的方向，甚至讓我失去了繼續下去的信心和勇氣。

但是現實擺在眼前，父母已經年老，為了家人，我必須好好的生活，撐起家裡的一片天空。那些年，我所經歷的每個難處，都深深烙印在我的生命裡。

高老師的幸福解析

世界再喧鬧，也與我無關；人生再美好，也與我無緣。

當我為了找到一個讓學員獲得幸福的方法，走遍一條又一條大街小巷去調查；當我為了節省時間，一天只吃兩頓飯；當我多次因為思念媽媽，深夜獨自徘徊在十字街頭⋯⋯我明白，除了戰勝困難、走出困境，我沒有別的出路。

在巨大的困難面前，人往往可以快速長大和成熟。為了我的家人，我終於弄清楚現實，明白了自己未來的發展方向和行動計畫。是那場絕境，讓我不再懼怕其他災難和磨難。是那場困難，讓我嚴格要求自己，大度的寬容他人。從那天起，我真實地面對死亡和生活，無所畏懼。

如今，我可以無比堅定地說：絕境，鍛鍊了我。

高老師的幸福之道

關於走出困境的幸福之道，我的理念是：面對它，戰勝它，因為我們沒有別的出路。

如果你此刻也處在人生的困境，不要怕，平靜下來，按照下面我傳授給你的方法，一步步錘鍊自己，相信你也可以和我一樣，變成全新的自己。

▶1. 越危急，越鎮定

談到對困境的恐懼，其實，我們最大的恐懼不是困境，而是恐懼本身。這一點，是我從很多節目裡獲得的啟示。在一些電視節目裡，經常會邀請當紅明星進行前所未有的挑戰。讓我想不到的是，

很多看起來柔弱的女明星，在主持人的鼓勵下，也可以戰勝恐懼，完成任務。

所以，當我們遇到困境時，要先想如何控制困境，而不是讓困境的壓力先壓垮自己。在困難面前，我們需要自己給自己勇氣。

媽媽走了，我從此沒有了靠山。身為家裡的一分子，我不能躲避、更不能恐慌，除了勇於擔當，我要做的，就是列出自己亟需解決的問題，一件一件的解決。

生活不會總是笑著面對我們，當有一天我們失業了，或我們破產了，或我們病倒在床……怨天尤人沒有用，焦慮哭喊也無濟於事，選擇鎮靜的面對困境吧！

▶ **2. 尋找新方向，實現新突圍**

在困境中，我們總習慣向他人求助，希望可以抓住一根救命稻草。而旁人最難回答的問題是：「我怎麼辦？」對此，我非常認同《不抱怨的世界》（*A Complaint Free World*）的作者威爾‧鮑溫（Will Bowen）的理念：

「習慣性地向他人求助是一種最大的惰性，大部分困境中，能依託的是自我內心的能量。」

當困境來臨時，我們不妨花一些時間，停下來、安靜下來，獨自思考。比如，當房價大漲時，我們不如增強自己的實力，努力提高收入，來跑贏上漲的房價；當我們對自己的外表不滿意時，就努力健身、讀書，內外兼修；當我們的人際關係遇到阻礙，就檢視自己，改進溝通的技巧；當我們考試失敗、事業失敗，就結合自身特質，去尋找一條新的出路。

媽媽去世後，在家陪伴爸爸的日子裡，我放下了很多自以為是，反思過去的人生。自己不重視與同事的溝通和相處之道，以為培訓課講得夠厲害，就是一切；每天工作十幾小時，本末倒置，得不償失；全年無休的工作，但收入卻依然不高，本質是沒有在教學最前端、最核心的領域和職位奮鬥；感情受挫，主要是自己沒有從內心關愛、體貼他人，讓人難以親近。

可以想像，要不是這次困境出現在我面前，讓我思考和認清了自己的現狀，不然未來的幾年，我仍然天天守著課程，不重視培養技能的提升；仍然只有很少的朋友，獨來獨往。這樣的我，別說是照顧家人，就連改善自己的生活品質都成了問題，談何幸福？

從家裡奔喪結束，回到工作崗位後，我定下了 10 條「規定」，全方位自律。3 年內，我的人生得到逆轉。

我專心準備每一堂培訓課程，潛心研究幸福之道，這讓我的待遇得到提升。工作之外，我開始閱讀心理學、行為學、幸福學等書籍，並學以致用，提高自身能力……

當我在制定改變策略、尋找出路時，我當然無法預計後面會遇到什麼樣的困境，但我知道「變則通，通則達，達能行天下」，不變則是死路一條。於是我拚盡全力去做，在這個過程中，很多意想不到的機會也隨之出現。

面臨人生的低谷，是因為我們沒有能力去跨越它。當我們的能力提升，那些曾經在眼中跨不過去的坎，就成了一塊平地或低窪，變得不足掛齒。

所以，我傳授大家第二個打破人生困境的方法：讓自己足夠強大，我們終將抵達光明之地。

04.
心態的影響：樂觀者更易遇見好運

【開篇小談】

在我身邊，經常有人向我抱怨：「我運氣真差，倒楣的事總是會找到我。」真的如此不幸嗎？倒楣總是偏愛你嗎？我看未必。

佛說：「物隨心轉，境由心造，煩惱皆由心生。」這句話的意思是說，無論是什麼樣的處境，快樂都是自己的心決定的。擁有積極心理的人，任何時候都能看見光明；而懷有消極心態的人，眼裡只有無盡的黑暗。

【情景再現】

我有一個學員，為了隱私考量，暫且叫她小貝吧！小貝在一個公司擔任策劃部主管。她在網頁製作方面有非常高的造詣，她經手指導設計出的網頁，都非常精美、時尚。她在公司的待遇也非常優厚。

正當小貝感覺萬事順利的時候，一場史無前例的全球性經濟危機到來了。這場危機使很多行業都受到致命的影響，一些大公司被迫紛紛裁員。小貝所在的公司也未能倖免，公司為了縮小機構，迅速關閉包括小貝所在的分公司，並開始裁員。

就在一夜之間，小貝變成無業遊民，儘管公司已向她支付一筆賠償金，但這種巨大的落差，讓她實在難以接受。她沒想到自己會

如此不幸，竟然會趕上這場倒楣的經濟危機。從一個風光無限的主管，變成一名被裁員的人，要她怎麼在親戚、朋友面前抬頭，她覺得自己實在是一個灰頭土臉的倒楣蛋。

「我真是太不幸了！」小貝這樣想，「我竟然會被裁員？我為公司付出那麼多，我的能力和業績，在公司也是名列前茅的，關鍵時刻公司竟然讓我出局，我真是太不值得了。」

隨後，小貝開始透過網路找工作，但因為那段時間正值應徵的淡季，職缺不僅少，品質也不高。自認為找工作不難的小貝，投了幾份履歷，竟然石沉大海。這讓小貝更難過了，失業的心情本就鬱悶，找工作還這麼困難，她甚至開始懷疑自己的個人價值，陷入頹廢、迷茫的狀態。

最後，小貝索性放棄找工作，她不想出門，更不想見親戚、朋友，不願向別人解釋她為什麼沒去上班。在家裡實在沒事做，她只好用遊戲和追劇來放鬆心情。

小貝的父母看女兒整天窩在家裡無所事事，不免著急，他們勸小貝不要放棄，拓寬管道，多方面去找工作。沒想到父母的勸說，不僅沒有激勵小貝，反而激怒了她，小貝在家裡咆哮說：「連你們也瞧不起我，認為我沒用，要不是這次這麼倒楣，我也不會失業，你們怎麼能怪我？」

就這樣，小貝不聽父母的勸諫，封閉自己、不與外界來往，終日意志消沉地生活，完全沒有以前活潑、自信的樣子。

而與此同時，另一個學員卻活出不一樣的精彩人生，這位學員是小貝的同事，我暫且叫她小瑜吧！小瑜也被公司裁員了，剛開始她的心情跟小貝一樣，難過、惶恐、意志消沉。但她只在家裡調適

了一週，就決定重新上路。小瑜心想「不就是失業嘛！只要天還沒塌下來，就總有辦法！再說受到經濟危機影響的，又不止我一個人，我相信我一定可以憑自己勤勞的雙手養活自己。」

小瑜開始走遍大街小巷，尋找機會。有一次，她發現家附近的一家服裝店關門了，並貼出轉讓的訊息。小瑜冥冥之中覺得這個地方不錯，如果接下這家店，可以做點生意，且有可能會成功。

於是她說到做到，她仔細研究店鋪地段，了解周圍的店家情況、建築設施和居住人群，她發現這家店附近有一所小學、一所國中，她想到學校附近最好做的生意，就是開文具店。她彷彿看到了一絲勝利的曙光。

小瑜為這件事考慮、調查了半個月後，向爸媽借了點錢，再加上自己的積蓄，順利地租了這間店。經過簡單的裝修，一週後就可以正式營業。小瑜在開業前，特意去好幾家批發市場，用她獨特的眼光，購進一些非常時尚、個性的文具，像韓版、日版的筆、記事本、信紙、書包……等。

小店開張後，小顧客們絡繹不絕，小瑜選進的商品，得到學生們的廣泛歡迎，特別是中午午休和下午放學時，店裡擠滿了學生，半年後，她就請了一名員工。不僅如此，附近的一些公司白領，也特別喜歡光顧她的小店，這些極具個性化的小文具，讓他們愛不釋手。

沒過多久，小瑜的小店生意越來越好，現金流也越來越多。小瑜和爸媽聊天時，感慨地說：「我真是太幸運了，要是沒有這場經濟危機，我商人的天賦就被埋沒了！」

小貝和小瑜在這場經濟危機面前，遭遇相同。但小貝始終抱著

悲觀的態度坐以待斃、消沉度日；小瑜在困難面前，卻選擇自我救贖，始終抱著樂觀的心態，對未來充滿期待。

歌德說過：「人之幸福，在於心之幸福。」心態不一樣，看待問題和處理事情的方式也會不一樣。大雨過後，悲觀的人只會低頭看地，他看到的將是泥濘與絕望；樂觀的人則會抬頭看天，他看到的是藍天和美麗。心裡有陽光，雨天也是一種浪漫；心裡下著雨，晴天也是一片陰霾。

高老師的幸福之道

相同的環境，不同的人生態度，心中美好，一切美好。對我們遭遇的不幸，我的幸福之道是：培養自己樂觀的心情。運隨心轉，讓不好的運氣隨著我們的好心情轉走。當然，在獲得好運的時候，我們可以透過以下三個技巧來幫助我們：

▶1. 行善、積德、開運

佛家有云：「行善、積德、開運」。我們說「贈人玫瑰，手留餘香」，都是指人與人需要互相幫襯，在別人需要幫助時，不要吝嗇自己的幫助，有一天，我們會得到別人真誠的回報，我們的好運也會接二連三的到來。

▶2. 好運不會在你的等待中從天而降

有很多人，做事前都戰戰兢兢、畏首畏尾，總是怕失敗，設想種種不順和不好的運氣。但好運不會在等待中來到我們面前，它只會在我們不斷的嘗試中才會出現。

▶3. 帶著正能量出發,壞運氣就會遠離

　　不要老是說「真倒楣,為什麼我的運氣這麼差!」

　　如果不是我們工作不認真、老是出錯,上司會扣我們的薪水嗎?如果不是我們上班偷打電動,上司又怎麼會當眾批評我們呢?如果不是我們深夜追劇,第二天上班又怎麼會遲到呢?

　　其實很多錯誤是因為我們的主觀因素造成的,不要老是曲解和抱怨,正確的處事,帶著正能量,事事都會順利很多。

05.
強大自己的道路：不要跪求他人的憐憫

【開篇小談】

在路旁有時會看到乞丐或街友，有些是老弱病殘，但有些卻是年輕力壯的年輕人。

每次看到那些年輕的乞丐，他們總是用同一種手法 —— 在面前擺一張紙，紙上寫的內容也差不多，無非就是家裡有病人需要醫藥費、為妹妹或弟弟籌學費……等。

每當此時，我總會想，年輕人四肢健全，為什麼不去找些工作做，要用這種乞討他人的方式呢？現在的社會，只要你肯做，不管是當餐廳服務生、還是發傳單，就算是去工地當工人，也完全可以養活自己。

常言「男兒膝下有黃金」，跪下來就意味著低人一等，就意味著需要伸出雙手去求得他人的施捨，這是一件多麼沒有自尊的事情，然而他們卻心安理得的接受了這種生存方式。

【情景再現】

我曾經在網路上看過一個故事：

有一個失去右手和右臂的乞丐，沿街敲門乞討。在一家房子面前，女主人問明原因後，指著門前一堆磚塊，對他說：「你幫我把這堆磚塊搬到屋子後面，我就給你錢。」乞丐當時有點惱羞成怒，前

181

面的乞討都很順利，今天也收入幾百塊錢了，怎麼會碰到這麼小氣的主人，她竟然還想凌辱我。

這時，女主人自己用一隻手搬，搬了一趟，停下來對乞丐說：「你看，一隻手也能工作。我可以，你為什麼不行呢？」乞丐愣住了，他緩緩地俯下身子，用左手搬起磚頭。

兩小時後，女主人遞給乞丐 500 元。不同於每家最多 100 元的施捨，這筆收入雖然有點辛苦，但報酬也並不差，不過乞丐覺得自己拿得很坦然。

多年後，乞丐成為一位氣度非凡的大老闆。有一天，他特意回來感謝那個曾改變他命運的女主人，女主人對他說：「你不用感謝我，這都是你的工作所得。」

高老師的幸福解析

除了乞討金錢，下跪求職也許更讓人難以接受。幾年前，有一個新聞報導：

某大學歷史系的畢業生，竟在求職現場跪倒在某技術學院院長面前，請求院長給他一個工作機會。

畢業生用下跪的方式求職，這讓我們對殘酷的就業局勢感到焦灼，真有這麼困難嗎？

經過調查，我發現很多大學畢業生對自己的職業期待很高，沒有找到滿意的職業，就不去工作。難道就不能先就業再擇業嗎？和這位畢業生一樣，在我的學員裡，也有一個大學畢業生，他曾告訴我，在他剛畢業時，找工作也是四處碰壁。後來，為了生活，他在一間公司當清潔工。

與其下跪乞求憐憫，我想，大多數人會更贊同後面這位學員的做法。

除了金錢、就業，還有一種也用跪求憐憫的方式，就是愛情中的低聲下氣。

有一個學員和男友同居，男友向她承諾兩年後結婚。剛開始兩人如膠似漆，天天都黏在一起。半年後，男友常常很晚才回家，週末活動也很多，總說是加班有事，但每次回家身上都有一股香水味。

這位學員深愛著男友，為了挽回男友的心，她拒絕參加一切社交活動，也不怎麼逛街。她把家裡打掃得乾乾淨淨，認真學習廚藝，為男友整理衣物，就連跟男友說話也是輕聲細語、禮讓三分。然而，她用心的付出，並沒有感動男友，男友依舊我行我素。

看到這位學員的情況，我非常痛心。她為了維繫與男友的愛情，已失去了自我。我不由得勸說她，不要去乞求已經變了心的人，好好愛自己，珍惜自己，只有這樣，才能得到別人的珍惜。

在愛情中，不管我們多麼深愛對方，都不能為了愛情低聲下氣，但凡求來的，都無法長久。只有心心相印的愛情，才是最穩固的。指望用卑微的態度、不對等的付出來獲得對方的愛，這種想法和做法都是不可靠的。如果想增加愛情的黏性，最有效的辦法就是投資自己，讓自己擁有光芒四射的磁場，再也不用擔心對方離場。

高老師的幸福之道

不管是金錢、工作還是愛情，都不是乞求能夠得來的。當我們跪求在別人面前，我們只能仰視別人，而別人俯視之下，看到的是

一個卑微的可憐蟲，就算我們能用自尊換來憐憫和施捨，但我們會從此低人一等。如果不想被看輕，不妨強大自己，用自己的工作付出，獲得心安理得的收入。

關於如何讓自己變強大的方法，我總結出以下三個：

▶ 1. 從小事入手，慢慢解決問題，獲得成功的體驗

我們身邊有很多不夠有自信的人，不是因為他們能力一般，而是他們成功的經驗太少了。恰恰因為如此，他們特別希望達成一次巨大的目標。越平庸就越渴望成功，這種惡性循環一旦形成，只會一次又一次讓我們體會到挫敗的滋味。因此，最現實、最穩妥的一條路，就是從我們目前的小事入手，試著堅持，並有始有終。

▶ 2. 正視困難，困難會讓我們迅速成長

困難有時候的確會讓我們喘不過氣來，但這種壓力反而讓我們更迅速成長。如果一生一帆風順，還有什麼意思呢？如果我的人生也一帆風順，我就不會站在這裡跟大家分享我的故事了，我又有什麼資格談論對幸福的理解？所以，正是這種壓力，推著我不斷前進。

▶ 3. 培養一份自己的愛好，可以從最簡單的運動健身開始

任何一份工作做久了，都會進入倦怠期，因此，我們要及時調整自己的狀態。如果不知道該怎麼做，不妨先試試健身。首先，運動對身體有利，不僅能保持優美的體型，還能讓大腦時常處於活躍狀態。其次，運動會分泌多巴胺，多巴胺能讓人變得樂觀積極，當我們的情緒變好，工作的積極度和效率都會提升。

第 7 章
積極正向的職場
—— 不抱怨，改變命運

在職場裡，抱怨就像空氣一樣，無處不在 —— 抱怨公司薪酬福利、抱怨上司的刁難、抱怨同事的不合作……這麼多的抱怨，非但沒有改變現狀，反而讓我們陷入職業倦怠期。身處職場，我們努力工作和不斷進取，除了獲得好的職業成就和好的物質生活外，更重要的，我們需要尋找一個屬於自己的職業幸福感，一種自我滿足感，這才是我們對努力工作的最高回報，這才是改變個人命運的積極正能量。

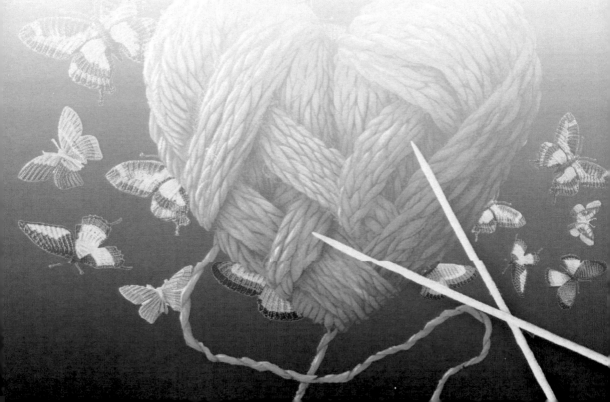

01.
職場不穩定的常態：積極迎接變動

高老師的幸福解析和情景再現

　　一位集才華與智慧兼備的女主持人，她辭去了所有人公認的「穩定工作」，轉型去做創投。有記者採訪她，問她為什麼會做這樣的選擇，她的回答讓我記憶猶新。她的原話是這樣的：「這個世界正在翻頁，當這一頁已經翻過去了，你還在為原來的那一頁很高興呢！」

　　在生活，我經常聽到有人跟我談及工作穩定的問題，每當此時，我的內心戲碼是：「職場上，哪有什麼穩定？你所認為的『穩定』，不過是一種『養老』，它會逐漸束縛你的創新能力。」

　　關於這一點，有人提出過「職場的隨身碟化」理念。這個理念是說，人在職場上就要像隨身碟一樣，不用自帶系統，可以隨時插拔，自由度高。

　　在職場上，我是一個「隨身碟式」員工。

　　我到底是企業諮商師、培訓師，還是幸福之道傳播者，有時我自己也感到困惑。假日時，朋友們都在休假，我還奮鬥在工作崗位上。但即使如此，比起前些年穩定的日子，我更喜歡現在自己的工作狀態。至少現在的忙碌，讓我覺得我是有價值的，我的才華得到充分的發揮，我沒有白白浪費時光。

　　不只是我身兼數職，周圍這樣的人好像越來越多了。

　　傳統行業，我們可以說自己在「xx 公司」或「xx 部門」上班，自己所在的職位，就是我們的職場身分，有的公司部門還會有「編制」，讓員工更有歸屬感，公司就成為自己的衣食父母。

　　隨著時代的進步，現在「鐵飯碗」的思想好像漸漸變得沒那麼濃厚了。有人白天上班，下班後可能在開 Uber；平時是公司白領職員，週末可能變身網路拍賣的客服；還有人做起店商，賣起各種產品……

　　正職是勞動合約 8 小時之內做的工作，8 小時之外的副業收入，說不定還更多，花的時間也不比正職少。所以網路上經常有這樣的論斷，未來「公司＋組織」的傳統模式將消失，「社群媒體＋個人」的模式將成為主流。

　　當所有事情都能透過網路解決，實體公司的存在感就更低了。單純因為職業的需求，把三觀不同、興趣各異的人集合在同一個屋簷下，還真的有點缺乏人性。現在的職場已經不局限於公司部門、辦公室了，一臺電腦、一支筆、一部手機，隨時都能開始工作。這樣的工作形態，沒有時間的拘束，更沒有空間的限制。

　　因此，未來的公司，可能不用再進行新員工培訓，灌輸企業文化了，因為在正式入職之前，大家就有相同的價值觀，自發形成一個團體，成立平臺。因為網路最大的作用，就是解決資訊不對稱的問題。在網路上，我們能快速找到適合自己的群體。

　　未來的發展趨勢，跳槽率一定會越來越高，跳槽的風險會越來越低。因為我們工作並不單純是為了填飽肚子，而是為了實現自我價值。特別是年輕世代，他們不是垮掉的一代，更不是無腦的一代，他們已經是社會勞動力的生力軍，他們對人生、職業，都有自

己的規劃。如果這份工作對他們來說，沒有往上的空間，他們會毫不猶豫的辭職。當年的我們太保守，想做就做的想法太過理想，但現在他們做到了，他們是這個時代的希望。

我最近開始接觸創投，發現這個圈子裡有很多很有想法的年輕人，他們之中，有很多人都在前 500 大企業工作過，但他們覺得原本的工作太死氣沉沉，或者晉升的機會渺茫，於是就不做了，渾身充滿「此處不留人，自有留人處」的霸氣。

穩定和歸屬感在現代的狀態下，顯得格格不入，我們的人生，由自己作主。「僱傭制」會慢慢退出時代的舞臺，「合夥制」正在成長茁壯。未來招聘員工，除了要有薪水，還要有一張充滿無限可能的企業藍圖。你可能會說，實體公司還是會存在，大家在一起辦公，效率會提升很多，溝通也沒有障礙。可是，真的是這樣嗎？

從溝通的角度來說，影片通訊、電話會議的確不如面對面溝通，但我們現在很難找到一整段時間，把大家聚在一起，完全不受干擾，討論同一個話題。而且，大家都想把這些時間拿來好好休息。對我來說，這種整段的、不受干擾的時間，恐怕只有在飛機上了。所以，我從來不覺得飛機上的時間無聊，反而很享受這種與世隔絕、不受打擾的時光。我可以安心讀一本書，平靜地小睡一下，或心無旁鶩的看一部電影。

在職場上，表面上只有八小時，但隨時都有不受控制的狀況來消耗我們的時間。上下班的交通，也是一種浪費。我相信，將來上班的時間一定會越來越靈活，未來的職位設定也一定會越來越符合科學。未來更多職位的需求和設定，是以專案、以 KPI 為驅動，而不是以上班時間來衡量。

高老師的幸福之道

如今的時代，我們可以選擇做自己喜歡的事情，在家辦公的自由職業也不再被視為失業。職場不再是一條單向賽道，我們也不再需要一條畫好斑馬線的馬路。對於如何擇業及跨業，我給以下三個建議：

▶ **1. 跨界的能力**

在未來，職場一定會更注重創新的能力，更追求藝術和技術的結合。也就是說，將來的職場，身懷多技的人更受青睞。比如，評斷一位產品經理是否優秀，不是看寫程式的能力，而是看心理學底工和審美能力。

跨界的真正意義，並不是多一個身分、多一個技能，而是你能不能靈活運用自己的這些技能，進行有效整合，發揮出一加一大於二的效果。

跨界並不如說得這麼簡單，跨界要求一個人在策略定位、時間管理、行業趨勢判斷等一系列具體操作的能力。

跨的好，就是錦上添花；跨的不好，恐怕就麻煩大了。

▶ **2. 分享的能力**

我們通常說的分享，是指一個人的意願，但我覺得分享更傾向於是一種能力。因為人都是渴望被關注的，當站上舞臺，每個人都有表演的欲望。所謂的社交恐懼，並不是害怕與人交流，而是害怕與人交流後，得到不好的評價。未來是分享經濟的時代，自帶魅力人格屬性的產品，往往會賣得更好，一個願意分享的人，很容易讓他自帶光環。

　　分享並不是一件抽象的事情，而是很細節、很具象的能力。我們展示給大家的一切，就是在分享，比如你發 IG、發臉書貼文，告訴大家你去看偶像的演唱會；你在直播平臺直播朋友間的聚會；你的穿衣搭配、舉止談吐……不論是動態的還是靜態的，文字的還是語言的，都在透露你這個人的品味、性格、邏輯等。

　　分享能力，是一個人綜合實力的展現。

▶3. 做「自燃型」的職場人

　　我相信，非穩定工作會成為工作的常態，自由職業者漸漸變成社會的主流。但真正的自由職業者一點都不自由，因為，自由是透過自律換來的。

　　畫家幾米接受採訪時，說到「自由職業者」，他說自由職業者其實一點都不自由，他們要比常人更自律，假如不在規定的工作時間內完成該做的事情，就會變得越來越散漫，逐漸墮落。

　　脫離自律的自由沒有任何意義，真正的自由職業者，內心都有一臺永動機。

　　這個世界已經翻頁，你跟上時代的腳步了嗎？

02.
職業規劃的智慧：為未來的成功鋪路

高老師的幸福解析＋情景再現＋幸福之道

在做企業員工培訓時，學員們問我最多的問題，就是「該怎麼進行職業規劃？」想想也是，現在職場上的每個人，都非常關心自己的工作是否有發展空間。但我想問的是，你們知道自己想做什麼嗎？有自己的目標嗎？

到底該如何規劃自己的職業生涯呢？在回答這個問題之前，我們先弄清楚這三個問題。

▶一、專業＝專長？

很多人分不清楚專業和專長的差別，認為專業就是專長。我最近收到很多畢業生的郵件，他們向我講述他們的面試經歷，當被問到職業規劃時，他們基本上都會回答「現階段還沒想那麼遠，只想多學習，安心做事」。很明顯，這並不是 HR 想要的答案，於是他們開始懷疑自己是不是適合這份工作。

我並不了解其他的專業，但就財務工作而言，面試官很看重你對自己的認知和評價，這是職業規劃的前提。

說到這，你亟需明白一點，專業不等於專長。

191

很多人認為，專業只是個代號，專長才能讓自己在職場上披荊斬棘。那你清楚什麼是專長嗎？說簡單一點，就是別人做不到的事情，你輕而易舉就能拿下。

比如，我的專業是藥物分析，但我的專長是表達。於是，在剛進入職場時，我的上司有意鍛鍊我寫品質報表以及品質分析報告的能力，然後要我出席公司大會，並鼓勵我發言。因為有專長做後盾，品質分析這項工作，對我來說正中下懷，充滿樂趣和挑戰。因為精彩發言的前提，就是要做好分析，為了能暢快淋漓的表達，我覺得枯燥的品質分析有趣多了。

品質分析能力提升後，一個偶然的機會，我轉行到專門從事品質管理的培訓工作，工作內容就是品質管理諮商，因此我大部分工作時間都在和公司的管理人員打交道，我喜歡與人交流，並從中獲得我想要的資訊。很多與人打交道的技巧，都是那個時候學會的。這些經歷無疑為我今天從事培訓工作，累積寶貴的經驗。

當聽到別人問我如何才能成為一個品質管理培訓師時，我會告訴他們，跟證書相比，這個行業更看重的是表達和溝通的能力。我身邊有很多經驗豐富的品質管理人員，當他們想說自己的想法時，總是表達不清楚，或說出來對方也無法理解，這就展現出專長的重要性了。

每個專業都是一個大框架，下面有許多小分支，結合自己的專長，選擇一個方向努力，可能更容易成功。

比如在外語這個專業裡，有韓語、日語、德語、法語、英語、西班牙語、阿拉伯語……等，每種語言又分很多方向，比如商務、教育、旅遊……等。你的性格如何？你有擅長的事情嗎？如果你性

格開朗，表達能力很強，那麼旅遊方向是個不錯的選擇；如果你有責任感，知識面廣，那教育方向或許會適合你。

▶二、興趣為主？還是以錢為主？

我們都知道「興趣是最好的老師」。工作時間越長，我越覺得這句話有道理。我常常拿我自己的例子跟大家分享。我的第一志願並不是品質管理，當然，這個志願也不是我父母強加給我的，因為我自己也不知道我想學什麼。如果你本身就有某個興趣，想深入了解，那就勇往直前吧！不要輕易放棄。

我有一個朋友，她是學機械設計的，但是她對親子教育特別感興趣。明確了這個目標，她毅然決然的放棄高薪穩定的工作，在一家兒童活動中心當起指導老師。這份工作不僅能讓她學到想要的技能，還能解決她的溫飽。在工作的同時，她還考取了相應的專業證照，現在正籌劃自己的親子教育工作室，不久就要開業了。

我之所以轉行做職業培訓，就是因為我覺得比起專業本身，我更喜歡交流，喜歡與人打交道，我能在幫助別人的過程中，收穫巨大的快樂。

一個人只有在自己熱愛的工作崗位上，才能發光發熱，這份原動力就是興趣，是發自內心的愛。比起高薪的刺激，他們追求的是在職位上實現自己的價值。而只要繼續堅持下去，終有一天會從「量變」到「質變」，你將收穫不可思議的成長與人生。

▶三、你有職業定位嗎？

每次我問學員，談談你的職業定位。答案大部分都是「剛進入職場，月薪 30,000，第二年爭取加薪到 40,000，第三年⋯⋯第四

年……。」聽完他們的回答，我很想發給他們那個黑人問號臉的表情。這是職業定位嗎？

職業定位第一點：成為核心部門的核心員工。

核心部門就是能為公司創造利益的部門，那在核心部門裡為公司創造利潤的員工，就是核心員工。有一點要明白，不是每個職位的員工都是核心員工，你要時刻清楚你的目標。

職業定位第二點：公司定位。

公司不同，工作特點也不同。比如公部門或國營企業，工作穩定、收入穩定、福利待遇好，社會地位較高，說出去臉上有面子，缺點就是職位晉升很困難。外國企業或外商公司的優點就是薪水高、工作環境好，但是很難見到大老闆，也很難進入中高管理階層。一般私人企業呢？優點就是晉升管道多，只要業績好，晉升的機率是很大的，缺點就是不穩定。自主創業的風險就更大了。

那麼現在問題來了，你將來想過怎樣的生活？是每天充滿挑戰，探索未知的未來？還是朝九晚五的生活？

我喜歡自由，喜歡新鮮感，喜歡探索未知的刺激，所以改當培訓師的這幾年，我很開心。我每天都能接觸到不同的人，而出差對我來說，更像是一種充滿新鮮感的體驗，所以我是不會選擇公部門或國營企業的。

職業定位第三點：區域定位。

每個縣市、地區都有自己的特色，你想要怎樣的生活，就選擇和自己相符的區域。大都市機會多、節奏快，如果你是一個能力很強的人，那很容易出人頭地；偏鄉機會少、生活節奏慢，相對來說很穩定。選擇沒有對錯，只有適不適合。

　　拋開上面這些因素，情感因素也要加入考量標準。在規劃職業生涯時，一定有不同的聲音從四面八方而來，你要堅定，目標要明確，自己內心的聲音最重要。一言以蔽之，職業規劃的過程，就是自我定位的過程。

03.
職場小人的應對：鬥爭還是放手？

【情景再現】＋幸福解析

　　在我的培訓班，曾經有一名學員，初入職場便慘遭「蹂躪」。事情是這樣的，一天上午，她和人事經理正在總經理辦公室討論，突然人事經理轉過頭，對她說：「妳今天上班前沒和男朋友吵架吧？」

　　她瞬間呆住了，這個問題讓她百思不得其解。「妳怎麼知道她和男朋友吵架的事情？」總經理追問人事經理。

　　「哎喲！是這樣的，我看她今天心情不好，就想起前兩天發生的事情。兩天前她在辦公室和銷售部的業務起衝突，她告訴我，那天早上出門前，她和男友吵了一架，因為心情不好，和業務溝通時，就發生了爭吵。」人事經理幽幽地說。

　　她完全傻住了，匆忙辯解：「不是這樣的，我和男朋友吵架與跟業務起衝突根本不是同一天。」

　　總經理語重心長地對她說：「妳現在是公司的出納，雖然工作不複雜，但責任重大，千萬不能情緒化。之前我已聽到有人反映妳喜歡把私人情緒帶到工作中，如果下次還這樣，我就要考慮換人了。」

　　她氣得臉都紅了，人事經理看著她，露出一絲得意的微笑。

　　她剛進入公司時，人事經理就像一位大姐姐關照著她。她不僅向她傳授一些職場潛規則，還告訴她與部門的人要保持距離，如果遇到什麼困難，不要先和上司溝通，可以找她說。

　　她一度很開心，同事中有一位大姐為她撐腰，於是她對人事經理毫不設防，無論是工作還是生活，都經常向人事經理傾訴。但她萬萬沒想到，人事經理竟然在總經理的面前嫁禍給她，讓她百口莫辯。她想來想去，都認為自己並沒有做任何對不起人事經理的事情。

　　「高老師，我覺得自己在公司待不下去了，妳覺得我要不要辭職啊？」那天，我收到了她的訊息。

　　如果此時她選擇離開，最開心的是人事經理，人事經理如此處心積慮的對她，就是想讓她知難而退。

　　「眼下妳只需要做三件事。第一，主動向總經理承認錯誤，表示悔改的決心，不要打算再去解釋這件事情；第二，從此謹言慎行，對涉及敏感工作或個人隱私的話題，要充耳不聞；第三，工作要多留心，特別是與人事經理相關的報銷收付款，尋找疑點，爭取一舉洗刷自己的委屈。」我回覆道。

　　她聽從了我的建議。第二天，她坦誠的向總經理認錯；接下來，她和人事經理保持正常的工作往來，不再談及其他。

　　因為她的突變和沉默，再加上黑鍋事件的發酵，各種風言風語向她襲來。有人說她在裝高冷，還有人不懷好意地揣測她是不是失戀了，或是要被辭退了……等。她一概不予理睬，認真踏實的做好每項工作。

　　有一天，她從總經理那裡拿來一堆簽好字的報銷單，其中有一份是人事經理的。她翻看這份報銷單時，發現後面的附件是一張手寫發票，這張發票有點奇怪，感覺自己好像見過。她再仔細辨識，發現發票的左上角有一塊缺損，忽然一個想法從她腦海裡跳出：該不會這張是以前報銷過的發票，現在又打算重複報銷一次吧？

　　她仔細查閱以前的帳本，找到了一筆類似的業務，開啟憑證，果然，後面的附件竟然消失不見了。

　　接著她想起，大約一週前，人事經理向會計借閱過會計憑證，說是要查閱人事部的費用。她找出借閱登記表，再次證實人事經理偷走發票、重新報銷的事實。於是她帶著數據去總經理辦公室，如實匯報事情的疑點。

　　這件事情引起總經理的高度重視，財務是絕不能出現漏洞的。總經理找來一家會計事務所，對公司財務進行一次全面審計，其中對人事部的費用支出，更是稽核重點。結果真是駭人聽聞，過去的幾年間，人事經理利用公司的財務漏洞，在報銷上做了不少手腳。

　　真相大白後，總經理要人事經理賠償公司全部損失，還立即辭退了她。人事經理離開公司時，她特意前去送她，想知道當初為什麼無故陷害她。結果人事經理告訴她，一次無意間，她發現她為一個不合格的單據與別的同事爭吵，覺得她可能很堅持原則，這對她不利，所以就想辦法要把她趕走。

　　聽完人事經理的話，她一下子豁然開朗，本來她還覺得自己做事太過決絕，心裡有點過意不去。

　　在職場中，每個人都有可能遭遇像人事經理這樣的小人，這時我們該怎麼辦呢？要去鬥爭嗎？是消極迴避？還是積極應對？答案已經不言而喻了。這位學員用她的故事向我們證明，職場的幸福之道 —— 職場遭遇小人，一定要去鬥爭！

高老師的幸福之道

職場中，每個人都會遭遇小人，這時心裡會一直不停的問自己「要去鬥爭嗎？」我知道有很多傳統的培訓師會倡導「不要鬥爭」，要我們「放下」，勸我們「冷靜」，說「心胸要開闊」……. 對此，我不想評判誰對誰錯。我想說的是，如果不鬥爭，對方可能會無數次針對我們，試問，這樣的工作氛圍，談何幸福？所以，我的建議是：面對職場小人，要去鬥爭！

要去鬥爭，但一定要懂「鬥爭」的方法，以下我給大家一些建議，希望我的這些經驗能幫助大家，這就是我最大的欣慰。

▶ 1. 職場裡沒有真正的友情，只有利益

職場充滿了競爭，再好的朋友也常常會處於利益的對立面。俗話說「職場如戰場」，這一點都沒有錯。所以，我們在工作中，可以與人友好相處，但卻不能把對方當成親密無間的朋友，什麼話都說。這麼做的後果，只會導致我們被人抓住把柄，在關鍵的時候，給我們致命的一擊。

▶ 2. 時機不成熟，默默的積蓄實力

有一句職場真理是：「你可以選擇朋友，但卻不能選擇同事。」不要幻想職場裡會有一方世外桃源，離開這個是非之地，下一個也不可能會是淨土。因為職場就是利益的聚集地，不要只想用迴避來解決麻煩，選擇積極應對吧！如果時機不成熟，就要學會忍耐，默默的積蓄實力。

▶ **3. 把對方甩在後頭，望塵莫及時，嫉妒才會自然消散**

職場大多數的鬥爭都源於嫉妒，而別人會嫉妒我們，是因為我們與對方的差距不夠明顯。只有遠遠把對方甩在背後，望塵莫及時，嫉妒才會自然消散。

門檻越低的地方，就是競爭最激烈的地方；職場鬥爭最多的地方，往往是基層職位。而人們一般不會去跟總經理或財務總監競爭，我們的職位越高，越不可替代，才能最終擺脫嫉妒。

▶ **4. 讓自己強大到不可替代**

職場生存之道不是結黨營私、更不是溜鬚拍馬，讓自己強大到不可替代，我們就可以馳騁職場。對此，我很喜歡吳淡如的一句話：「沒有永遠的痛，除非你天天提醒自己記得它。」

04.
感覺的重要性：兜售感覺勝於兜售能力

【開篇小談】

　　如今，隨著高等教育的普及，大學生的數量也越來越多。以至於很多大學生調侃道：「畢業等於失業」。所以，每年到了畢業季時，諸多大學生們都開始摩拳擦掌，使出渾身解數，希望在面試官面前大顯身手，獲得一份工作。

　　現實總是骨感的。由於大學生的人數眾多，而工作的機會較少，所以很多大學生找工作都要歷時好長時間，有的甚至超過 1年，也很難找到一份盡如人意的工作。於是，在我的培訓課上，經常會有年輕的學員向我請教關於面試的諸多問題。

　　所以，我決定利用本節來向大家傳授職場面試的小技巧，希望有助於大家面試成功，到達幸福職場的彼岸。

【情景再現】

　　幾十年前，我從大學畢業，直接從學校和校友那裡，找到了理想的工作。後來想換工作時，面試好幾次，結果都不太理想，我不知道原因出在哪裡。每次去面試時，我都準時到達，甚至提早到。當面試官問我對工作的看法時，我會滔滔不絕的說我之前的實習經歷和學習成果，並附上一疊厚厚的職業評價及規劃。

　　然後，我會向面試官展示自己能做好這份工作的決心。但是，

大部分情況下，面試官看都沒看我一眼，只顧著瀏覽手裡的數據。等面試官翻閱完我的資料後，就會對我說：「好的，妳的情況我們了解了，妳先回去等通知吧！一週後會答覆給妳。」

這一等，就再也沒有下文了。問題出在哪裡呢？

在房間裡，我仔細把自己的面試過程回顧了幾遍。突然，我靈光一閃，隱隱中好像知道了自己的問題出在哪裡。為了證實自己的猜想是否正確，剛好再過一天就是一家諮商公司的面試，這對我來說，可是夢寐以求的工作。我決定利用明天好好準備一下，力證我的面試技巧。

第二天，我拋棄了原本的面試技巧，重新對自己進行一番整理。第三天，我自信滿滿前往諮商公司面試，並被這家企業錄取，獲得了我在北部的第一份工作。

高老師的幸福解析

當時我只是一個剛畢業兩年的大學生，也沒有耀眼的成就，為什麼他們會對我「情有獨鍾」呢？

其實，在我看來，面試是有跡可循的。通俗地說，我們完全可以用很短的時候做好面試準備，卻給面試官留下深刻的印象。而這個深刻的印象，並非源於能力，而是始於感覺。用一句話來說，就是「人與人之間，兜售『感覺』比兜售『能力』更重要」。

高老師的幸福之道

面試，其實就是把自己推銷出去的過程。身為面試者，我們一定要明白，相對於推銷自己的能力，兜售「良好的感覺」更為重要。這是為什麼呢？

　　我還記得一個學員小劉，她是華語文學系的畢業生，學管理純屬興趣，她的面試過程非常順利，馬上應聘一家公司的人事專員。後來，我問了她面試成功的經驗時，她說：「其實我覺得工作經驗不是最重要的，很多面試官往往更看重這個人到底可不可靠。」

　　小劉的長相並不出眾，但是她愛笑，讓人倍感親切。她和另一個同學一起去面試，那個同學是典型的高冷美人，因為表情嚴肅，總讓人產生距離感，因此面試屢屢受挫。

　　就算我們沒有工作經驗也沒關係，要盡量表現出自己踏實、好學的一面，因為職場都大同小異，先入行、摸清楚門道，才有選擇權，剛開始不要太挑剔。

　　其實身為面試者，沒有必要把面試想的太嚴肅。我們今天面對的面試官，今後可能會成為同事。他們希望自己的下屬好溝通，所以如果在能力與感覺之間選擇，對一般性的職位來說，面試官多半會選擇後者。

　　有句話說的好，「人生如果要走出更大的格局，力量與溫暖絕對要並存」。因此，別忙著推銷自己的能力，應該好好想想如何加強可靠度，兜售一份好感覺吧！

　　那麼，我們在面試時，如何向面試官兜售我們的「感覺」呢？我把這些面試技巧總結如下：

▶1. 精簡履歷，讓面試官看到他想看的

　　履歷切忌太過囉嗦，把自己的所有資訊精簡在一張 A4 紙上。這樣既簡單整潔，又條理清晰，讓面試官能在短短幾分鐘內了解我們的資訊。比如工作經歷、具備的能力、個人評價⋯⋯等。

▶ 2. 自我介紹時，肯定地告訴面試官 —— 這份工作一定要我來做才合適

你相信嗎？我們是否能獲取一份工作，在我們進行自我介紹時，面試官就已經做出決定了。

在培訓課上，我經常聽到有很多年輕學員在講述自己去面試時的自我介紹，都會把學習的情況、實習經驗、特長等都講給面試官聽，以便面試官判斷我們是否合適。這一點是很多年輕人犯的錯誤，我在應徵之前的工作時，也是這麼做。

如果你也這麼做了，不用說，你獲取這份工作的機率幾乎等於 0。

那麼，我們在自我介紹時，該說些什麼呢？

我的回答是，要肯定地告訴面試官 —— 這份工作一定要我來做才合適。

在那次「諮商公司」的面試時，我告訴面試官：「我看到這份工作的要求，和我之前的工作非常類似。」

如果我們能向面試官列舉出 5 條「相似」，那麼我們獲取這份工作的機率就增加到 80%。

請永遠記住：所有公司都不想栽培「潛力股」，而是更想「撿現成」的。

▶ 3. 面帶微笑，謹慎回答面試官的問題

面試時不要過於緊張，氣氛一緊張，很容易影響發揮。盡量避免情緒化的表達，年輕人最忌諱意氣用事，此時需要表現自己想在企業長期奉獻的決心。

在回答「為什麼辭職？」這個問題時，一定要謹慎。不討喜的

離職原因包括：和上司相處不好、看同事不順眼、老闆不 OK、工作業績差……

在回答這類問題時，我建議大家站在企業的角度回答。如果我們說工作太累，什麼工作不累呢？重點在我們自己有沒有進步。

如果我們回答薪水太低，那我們有沒有為了加薪，做過一些努力呢？除去日常的工作，我們有沒有提升自我價值？如果我們當真不可替代，薪資還太少，那就是老闆的問題了。

所以，我們可以盡量挑一些主觀上無法避免的原因說給面試官聽，比如私人原因。

重要的是，你要向面試官傳達一個觀點：你想要一個穩定的工作。

▶ 4. 你的缺點是什麼？避重就輕的回答

在面試時，很多面試官會問：「你的缺點是什麼？」這是一個非常不好答的問題。

在這裡，我教大家一個技巧 —— 避重就輕。什麼是避重就輕呢？

重就是人際關係、工作能力、性格等方面的缺點。如果我們說「我的缺點就是不仔細」、「我的缺點就是與人相處不和諧」……那麼，恭喜你，你在這一刻已經失去這份工作了。

什麼是輕？我舉個簡單的例子，我方向感不太好，我吃很多……之類的。

說到這裡，肯定很多人會質疑「我說這種缺點，面試官會不會覺得很假？」我肯定地告訴你，只要你的「假」不至於讓面試官想吐（比如，我最大的缺點就是做每一件事都很認真），那麼你就成功了。

▶5. 證照、證書沒必要都展示給面試官看

通常來說,面試什麼職位,只要把相關的證書展示出來就行了。如果展示太過度,面試官會覺得我們把時間都放在考這些證照上,對工作並沒有太多投入。

05.
多元能力的價值：專業之外的能力更為重要

┃高老師的幸福解析＋情景再現＋幸福之道┃

　　在上一節，我告訴大家，我大學畢業後的第一份正式工作，是在製藥公司當品質檢驗員，後來公司從內部應徵培訓師，我從近100 人的競爭中，險勝成為公司培訓專員。在人力資源部實習了半年，正式任職之前，人事主管和藹的對我說：「妳剛從學校畢業，沒什麼工作經驗，培訓工作能讓妳學會什麼是團隊合作，這是你們進入職場的第一課。」

　　人事主管的這句話，我牢牢記在心裡。在我為員工培訓的過程中，慢慢的，員工對我的評價開始變好，說我「願意吃苦，虛心好學，有親和力」。記得我進公司的第一年，年底聯歡會時，我參加公司的演講比賽，獲得滿堂彩，下臺後，我聽到好多人都在說：「講得真好，你看，這就是我們的培訓師小高，真了不起啊！」

　　我第一次受到莫大的認可，但是在此之前，我一直是很自卑的。我覺得我在人際交往方面的成績簡直是零分。我的這種無能感，源於我上學時糟糕透頂的人際經驗。

　　從小，我爸媽就要求我好好讀書，其他的事情都不用操心，加上我家庭條件一般，內心有點自卑，於是學生時期，我只知道埋頭學習，成為了頭腦發達，其他全都簡單的「好學生」。我沒有興趣、愛好，也沒什麼朋友，我成績很好，但是每次評選模範生，都沒有

　　我，我也不知道為什麼。導致有段時間，我甚至懷疑自己「有病」，所以大家才不理我，我越來越害怕，也越來越孤獨。

　　因此，當我在公司受到大家一致好評時，我非常激動，差點哭出來。原來我並不是一無是處，我終於明白，只要我真心對待大家，別人一定可以感受到我的真誠。

　　我當時的感想是，不要覺得我們做的事情小，就不重視。就算眼前做的事是那麼微不足道，積少成多，越來越多的小成就，最終會成為大成就，讓我們的內心有無與倫比的滿足，激勵我們繼續努力。

　　接下來，我再談談後來為什麼會進入企業諮商、培訓師這個行業。

　　做了兩年的員工培訓工作，我陷入職業倦怠期，覺得做什麼都提不起勁。後來我發現，不只我一人這麼覺得，百分之八十的工作，時間久了都會有這種感覺。這種安定感，磨滅了我們多少鬥志，漸漸地，我們都變成我們討厭的人。

　　望著身邊的同事，我感到很心寒。身處職場，大部分人基本上每天都埋頭工作，我們的付出，在老闆眼裡並沒有多少價值。我們深陷一堆堆單據和數字中無法自拔，不知道怎麼處理人際關係，更不知道如何幫老闆增加企業利潤，提不出建設性意見……

　　因此，現在普遍的情況就是，很多人做了一輩子同樣的工作，他們的職場生涯如同一條沒有生命力的心電圖，沒有任何起伏。當我從職場小白進階成員工培訓專員時，我進入了職業生涯的瓶頸期，我迫切的期望改變，我渴望接受挑戰。

　　所以，我辭職進入了培訓行業，一做就到現在。我把沒做培訓

之前我具備的能力，與做培訓之後的能力做比對，發現一些意外的收穫。

▶第一，提升了自己的演講能力，磨練了耐心

我現在遇到問題時不再逃避了，學員們問的問題千奇百怪，有的問題我真的不知道怎麼回答。但是身為培訓師，我不能逃避，只能想盡辦法把問題弄懂，再用學員接受的方式為他們解答。在這個過程裡，我的耐心提高了不少。

我在培訓行業已經幾十年了，面對大型的演講、培訓，我遊刃有餘。這些年來，每當迷茫時，我會問自己，如果沒有這份工作，我要怎麼養活自己？

▶第二，表達能力有所提升

我之前當員工時，說的都是如何讓員工好好為企業服務之類的話。但是培訓行業不一樣，有的問題我要自己先弄懂，才能說給大家聽，照本宣科是沒用的。

這裡面涉及資訊的輸出與傳遞能力，而這種能力比獲取資訊更為重要。有好多學員都會抱怨，說自己每天都辛苦上班，但為何這些年的薪資並沒有提高多少呢？問題多半出在資訊的輸出與傳遞上。

怎麼把枯燥的數據轉化為通俗易懂的話，讓老闆聽懂，這個過程比工作本身更有意義。很多人沒有站在老闆的角度思考問題，這才是導致「自我價值的認知」與「老闆對自己的價值認知」出現偏差的主要原因。

▶第三，這是幫助他人的能力

　　幫人也是有技巧的，如果我們幫了倒忙，就是「熱臉貼到冷屁股」。我需要透過與學員的交流，了解對方的性格和接受能力，給對方合理的建議。在上課時，我也會因材施教，根據學員不同的情況，靈活調整上課內容。幫助他們的前提，就是要有識人的能力，時間久了，就有這種能力了。

　　後來我明白了，不管在什麼行業，很多能力是相通的，比如為人處世的能力，比如銷售能力，比如換位思考的能力，比如團隊合作的能力……等。

　　最近，我嘗試在社群媒體上寫文章，在這個過程中，我又認識了一些編輯，以前從來沒想過會出書，如今這個目標寫進行程表，變成今年一件重要的事。

　　於是又有人問我：「妳是怎麼寫作的？有哪些方法能夠提升自己的寫作能力呢？」

　　對我來說，寫作只是一個表達自我的途徑。最多的收穫其實是在寫作之外，比如我的閱歷、我的生活經驗，這才是我想表達的重心。

　　因此，如果有可能，我們不妨多試試專業之外的事情。有句話是這樣說的：「很多所謂的專業，無非是我們比別人多看了幾本書，多知道幾個名詞、幾個概念而已。多嘗試專業之外的事務，我們會發現，原來我們的世界可以變得更大，我們的人生可以變得更有寬度！」

06.
尋找興趣的挑戰：為何總不知道自己的喜好？

業餘時間，我喜歡在臉書和 IG 等社群媒體傳達一些關於幸福的理念，其中也包括職場幸福之道。前不久，我收到一條留言：

「畢業到現在，我身邊的同學都找到了喜歡的工作，過得忙碌而充實，但我卻一直在失業中，因為我不知該往哪個方向發展。更可怕的是，我發現沒有一件工作引起我的興趣，這樣下去，我該怎麼辦啊？」

「上大學，科系是父母選的。而在此之前，我很少面臨選擇，每到需要選擇的時候，父母總會為我操心，所以我現在真的感到很茫然。」

很明顯，這個留言的人是一個年輕人，他向我諮商的是有關職場的幸福之道。

他的這幾個問題，讓我想起自己年輕的時候，我也曾茫然失措、隨波逐流。究其原因，我的總結是：「我們都想趁著年輕奮鬥一把，但我們不知道喜歡什麼，所以感到迷茫。」

說到這裡，可能很多人會覺得很可笑 —— 我們自己都不知道自己喜歡什麼嗎？

是的，我年輕的時候也會覺得很可笑。但經過這麼多年的沉澱，我才知道，這絕對不是一個笑話。

【情景再現】

說實話，我從小就是父母眼中「聽話的乖孩子」，父母說什麼，我聽什麼。就是因為太聽話，我的人生一直被安排，也因此失去了自我感知的能力。

記得上高中時，當我決定要讀理科還是文科時，父親用他的生活經驗告訴我，理科憑本事吃飯，不用應付複雜的人際關係，並且就業面更廣，發展潛力更大。於是我被安排讀理科，然而在學習的過程中，我感到特別辛苦，尤其是幾何和化學。

20 歲以前，我一直依附在父母的影子下，連自己的模樣都無法看清。

現在想來，我人生第一次做主，大概就是找對象這件事。起初，父母非常反對，對我找的對象評價很低。但我一直堅持自己的主張，父母沒辦法，只好妥協。雖然我的這段婚姻已經走向分離，但我仍然沒有後悔當初的選擇。

高老師的幸福解析

我透過研究職場的幸福之道才知道，想了解自己喜歡什麼，要做的第一步，就是學會正確看待父母的期待，能夠進行獨立思考與自我判斷，做出屬於自己的選擇，努力活出自己的樣子。

結婚之後，我決定趁年輕勇敢試一試，就算失敗了，也沒有關係。於是，在製藥公司上班的業餘時間，我努力學習一些與培訓、演講相關的知識，同時閱讀很多心理學書籍。為了練習我的演講能力，我放下面子，不再懼怕與陌生人搭訕和來往，而在一次次與人交往中，我發現自己潛在的演講天賦、樂觀合群的性格和良好的溝通能力。

這些我業餘時間做的事情，讓我的口頭表達能力得到進一步提升，也讓我的專職工作得到上司和同事的肯定。

企業培訓做久了，我進入了職業倦怠期，對員工的培訓工作不再有熱情。於是我主動參加一些企業諮商和心靈維護的活動。一段時間後，我的老師發現了，說我很適合當企業諮商師、培訓師、心靈教練，他建議我可以去嘗試這類相關的工作，以便發揮我口頭表達能力的優勢。

於是，我從工作了 2 年的製藥公司辭職，踏上了幫人獲得幸福的心靈老師的道路。

是啊！誰都想擁有先知先覺的能力，然而現實中，很多人連後知後覺也很難做到。所以，對於不知道喜歡什麼的年輕人，我的建議是：趁著年輕多去嘗試，從而探索出一條自己的人生之路。

高老師的幸福之道

年輕人在職場中最容易犯的錯誤就是「不知道自己喜歡什麼」，盲目的工作，從而常常感到迷茫。對於這樣的人群，我的職場幸福之道是，找到自己喜歡的，然後努力去嘗試。

以下，我將告訴大家如何發現自己喜歡什麼，讓你可以馬上實踐：

▶1. 找專業人士幫忙

當我們感到迷茫時，這時切忌不要病急亂投醫。我們需要做的，是找專業人士幫助我們。這裡的「專業人士」並非單指心理諮商師，只是在某方面有經驗或技能的人。

▶ 2. 思考一下自己平時願意把時間花在哪裡

判斷我們是否真心喜歡一件事，只需要拿一件東西來衡量，那就是「沉浸感」。

所謂「沉浸感」，就是當我們在做這件事情時，可以非常的忘我和投入，很容易沉浸其中，並全然忘了時間。我有個朋友閒暇時很喜歡畫畫，她每次進畫室，都捨不得出來，看見畫筆就想作畫。每天下班回家，無論多晚，她都要畫一幅，就算畫到深夜，她也不知疲倦。因為她的長期投入和喜歡，她成功的舉辦過多次個人畫展，在業界也小有名氣。

如果我們對一件事情無法堅持，只有三分鐘熱度，那就不是真的喜歡。如果我們真的喜歡，一定會持續投入。

▶ 3. 積極行動，不斷嘗試

沒有付出就不會有收穫。就算我們再喜歡，沒有付諸實際行動，那也只是一句口號，而我們的夢想將永遠都是空中樓閣。

喜歡什麼，就努力去做、去嘗試，就算失敗了，最壞的結果也不過是我們不再喜歡這件事情了。而有了成功與失敗的歷練，我們會得到快速的成長，我們會因為自己的喜歡，成就一個大大的夢想。

最後，套用紀伯倫先生說過的一句話來結尾：

「如果有一天，你不再尋找愛情，只是去愛；你不再渴望成功，只是去做；你不再追逐成長，只是去修，一切才真正開始。」

07.
專注的力量：精準而持久的專注

【情景再現】

我有一個朋友，年長我 10 歲，雖然都在北部，但我們的行程表卻天差地遠，難得聚在一起吃頓飯。

去年冬天，在一家小餐廳，一邊吃飯，我一邊和他說起這幾年自己涉足的領域，內心有一點小小的滿足和得意，渴望得到他的肯定。之前的合作中，他雖然不是我的老師，卻是支持我的人，亦師亦友。

我說完，他沒有說話。我鼓起勇氣問他：「如果給我一個建議的話，會是什麼？您獲得的成功源於什麼呢？」

他喝了一口茶，淡定的說：「現在的妳像章魚，沒有專注在一個點上，想同時做的事情太多。我們吃飯的這一小時，妳也不時拿出手機，怕耽誤回覆訊息。這些事，真有那麼重要嗎？」

之後，他講起自己年少時的經歷。

大學剛畢業時，他在一間公司的人力資源部上班，為了做好這個工作，本不是學人力資源的他，透過向有經驗的人學習、請教和閱讀人力資源相關科目，竟然考取了人力資源證照。那四年的時間，他一直專注一件事 —— 做人力資源的工作。四年後，他獲得公司的升遷機會，成為人力資源部經理。

接下來的四年，他仍專注在人力資源，只是，這時的他，做的是人力資源六大模組 —— 人力資源規劃、應徵與配置、培訓與開發、績效管理、薪酬福利管理、勞動關係管理。

四年之後，他再次獲得升遷，成為公司的行政總監。這時，他需要專注的事情，變成了行政人事管理。

透過朋友的話語，反觀我自己，感覺自己就像一個忘我的小孩在玩沙，玩得津津有味。我強調幸福快樂，帶大家邊學邊獲得幸福，也誤以為自己可以做到邊工作邊娛樂。

幾年前，我跟許多人一樣，迷上了社群媒體。有一個月，每天晚上我都在刷臉書、看 IG，同時邊為學員錄製「幸福之道」的課程，還抽空發郵件給工作人員。

剛開始，這種三線作戰、全都掌握的感覺很好。自己有娛樂，也沒耽擱到工作。幾天下來，鬱悶的事情來了！同事反映工作郵件前後矛盾，邏輯不通。臉書和 IG 也並非時時都有新鮮事。之前刷社群媒體費時 5 分鐘，單獨工作花費 15 分鐘。兩件事同時做，半小時也無法同時搞定，什麼都沒做到最好，幸福感很低。

所以，真正的多方執行工作，不是這樣的。

高老師的幸福解析

當一個人確定做一件事後，提高做事效率的根本方法，是「專注」。多頭任務處理看起來很完美，但操作起來很難。有人覺得自己可以邊聽歌邊看書，邊工作邊聊天。但認真觀察，可以得出一個結論 —— 大部分人如果真的同時做兩件事，會有主次之分；或者是同時做的事中，有一件不太需要用腦。

比如，真正用到大腦雙邊工作的同聲傳譯。一個專業傳譯員，連續工作的時間是 15 分鐘，超過 20 分鐘就會疲憊不堪，要讓同伴替換工作。

如果抱著差不多的態度做事，開會時刷社群媒體，會議內容只能聽個大概；和人聊天時也玩手機，交流也是差不多。這種「差不多」的習慣一旦養成，只會「差不多」地活下去，無法享受極致的生活，「一鳴驚人」、「卓越精密」這些詞，將與我們無關。

所以，我想告訴大家的是，這種多頭操作的解藥，是專注、專注、再專注。

不管是我的朋友，亦或是我，想要傳授給大家的工作幸福之道，就是「專注」。一旦專注了，工作中任何一件事，都可以變得有效率，繼而獲得滿足的幸福感。

高老師的幸福之道

近幾年，我觀察身邊很多高薪人士的職業習慣，他們普遍的特徵是專注，除了認真專注自己的事業，他們更關注如何提升自己在這個領域的能力，錢並不是第一考量。所以，如果你也想擺脫多頭狀態，那麼請專注、專注、再專注。

為了具體把如何訓練、培養專注力的方法傳授給學員，我閱讀許多有關「專注力」的書籍，並找到了行之有效的方法和技巧。

這個方法來自於丹尼爾·高曼（Daniel Goleman）所著的《專注的力量》（*Focus: The Hidden Driver of Excellence*），在書中，他以其深耕多年的心理學研究功底，精確提煉出專注力的三種形式，它們如下所示：

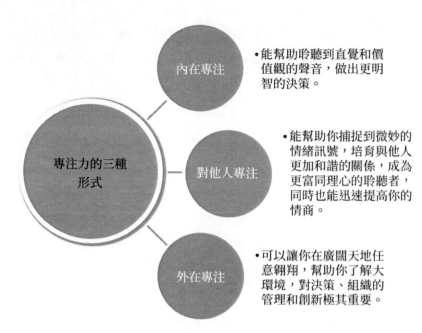

基於這三種專注力的形式，我歸納出以下 3 點訓練技巧：

▶1. 勇敢，為自己打氣

自我暗示自己很不錯，「貶低」工作的價值，以「這都不算什麼」的心態，放鬆地完成它。

▶2. 隔離，把自己從世界中抽離

學生會在公共自修室或宿舍裡讀書；職員辦公也通常在開放式的位子上工作，旁人的走動、閒聊，會不時打斷思路。要麼盡可能選擇周圍沒人的環境，手機關靜音，或戴耳機工作，別人看到也就不會過來打擾你。

▶3. 從堅持 10 分鐘做起

　　從堅持 10 分鐘不看手機做起。重度手機依賴者，剛開始會覺得 10 分鐘很漫長，不時拿出來看一眼，生怕自己漏掉任何資訊，第 5 分鐘就忍不住想看一下。隨著練習，這個時間慢慢變長，15 分鐘不看手機不再困難。

　　第一次嘗試，堅持到 7 分鐘就可以獎勵自己，可以是零食、水果，用這種繼續隔離的方式獎勵自己。

　　專注 30 分鐘後，進入更有效率的學習和工作狀態；而下一個 30 分鐘，效率會比之前高更多。一天中，如果有 8 個 30 分鐘 —— 即 4 小時 —— 主動、有效率的工作狀態，就相當不錯了。統計顯示，上班族每天有效率的工作時間，平均不到 4 小時，大部分都是碎片化的不專心狀態。

　　人生總有起伏，狀態也分高低。每天的狀態不同，有時高效率工作時間超過 4 小時，別錯過機會，利用這一天，瘋狂工作。如果某天身體疲憊、心不在焉，也別刻意要求，稍微休息，找回節奏。

第 8 章

正確方法的重要性
── 不明就裡的努力，正確方法更勝一籌

　　很多幸福書籍大多都在宣揚「努力」，說的好像只要我們努力就一定會成功。然而，事實並非如此，大多數人只是普通人，就算非常努力也不一定會成功。所以，比起不明就裡的努力，我更願意傳授大家正確的努力方法，讓大家用正確的方法去努力，並積極接受失敗，這才是真正的幸福之道。

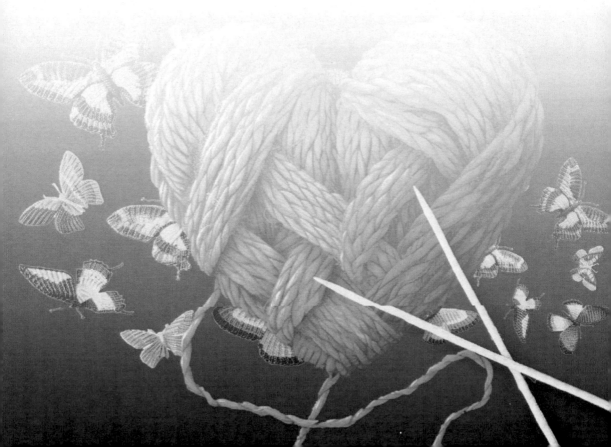

01.
努力與方法：正確的方法比盲目努力更為關鍵

【情景再現】

俗話說「磨刀不誤砍柴工」，古人都知道，在做事之前找到正確的方法，比無頭蒼蠅似的亂撞，更能快速達到成功的彼岸。

依稀記得兩年前的一個課間，我像平時一樣坐在講臺旁的椅子上小憩。一個高高瘦瘦的女孩走到我跟前，輕輕的叫我：「高老師，您好。剛才您課堂上講的內容，我沒有弄清楚職場人際關係要如何處理才會幸福，麻煩老師再指點我一下」。

「拿一張紙和一支筆來」，我說。

她滿臉疑惑的把紙和筆拿來了。我接過紙筆，用畫畫的方式表現出她問題的答案，簡單講解後，她興奮的說：「哇！老師，您太厲害了，沒想到竟然如此簡單，謝謝您，您的方法真有意思。」

出於友好，我跟她聊了起來。「妳是做什麼工作的啊？對人際關係這麼感興趣？如果以後想從事相關行業的話，可以向更專業的人士學習，對妳會大有裨益的。」

她失望的搖了搖頭，說：「高老師，我是做人力資源工作的。不怕您笑話，我考了 3 次，都沒有考過人力資源證照，越來越沒有信心，還不知道這個職業是不是適合自己。」

「適不適合跟有沒有通過考試之間沒有什麼關聯，妳有沒有想過，是不是妳之前學習的方法錯了。為什麼不換一條路走走看，試

試實踐與理論相結合的學習方法呢？」我建議道。

「老師，您別說了。我認為就是我自己不夠努力。」說完，女孩便失落的走了。

怎麼是不夠努力呢？在我看來，不是所有事情，單純努力就可以的。如果在一條錯誤的道路上，拚命的努力前行，最終也無法到達目的地。

這個學員上了一年我的課，對她的情況，我心裡很清楚。在剛開始來的時候，她渾身都充滿自信，為自己立下人生目標。然而，現實與她的想法是背道而馳的。這個女孩是典型的「讀死書」類型。據說對考人力資源的課程內容她可以倒背如流，每次考試都能得到高分，唯獨「就業服務」相關法規，每次都考不及格。

她跟我說過，她一共考了三次。第一次沒考過時，她告訴自己：「沒什麼，下次再努力就好了」；第二次又沒考過，她花了接近一週的時間，才從低落的情緒中走出來；第三次沒考過時，看身邊的人都拿到證照了，她連說「恭喜」都覺得被刺痛。

高老師的幸福解析 ＋ 幸福之道

若掌握不正確的學習方法，人人都能學會的東西，卻會越學越不好。

表面上看起來，人力資源相關證照的考試很容易，更變成普通大眾都能參與的常規化考試。人力資源相關證照只是一個媒介，你更需要懂得企業的人力資源體系。在大批通過考試的考生中，精於理論的人太多了，但對人力資源管理了解的人少之又少。

在我教學的這幾年，我發現一個規律。在職場上很成功的人，

往往不是班上那些學習認真、刻苦、努力的，反而是那些看起來沒那麼努力的學員。

我分析了其中緣由。前者在理論上努力的死背，後者卻在努力之前，先尋找最佳學習方法，不做盲目的努力。利用實踐與理論結合的方法，雙管齊下。他們說，課程是融會貫通的，理解了一點，一通百通，會有意想不到的效果。而且在考到證照的同時，還懂實際操作了，一箭雙鵰。

在我的培訓生涯中，接觸到大量學員。看著他們，我也一直在思考努力與結果之間的關係。為什麼有些人很努力，卻得不到好結果；有些人看似輕鬆，卻成績不錯。難道努力也是一種錯誤嗎？

以下是我個人的觀察與思考，在此做個歸納與總結：

▶ **1. 心態不同，努力的結果不盡相同**

就心態而言，每個人做事都抱持自己的心態。一種是單純的熱愛，一種是為了達到自己的目的。我暫且不說哪種心態好與不好。我想說的是，這兩種心態在努力的過程中，發揮不同的作用，產生的結果也不盡相同。如果我們是因為愛好而去做一件事，那就意味著我們不在乎結果，會更享受過程。

曾經有一個學員，他在一家銀行上班，工作很穩定。可是他非常喜歡律師這個職業，他就利用工作以外的時間主動學習，十分認真，不僅複習，而且還預習。在他看來，在熱愛的事情上，無須計較得失，學習律師的時光於他而言，是莫大的放鬆和享受。

出於熱愛的努力，會讓情緒高漲而持久，因為這是自己內心主動的。在學習時，心態會無比放鬆，會處於享受的狀態，做出的努

力會事半功倍。為了達到目的而去努力的話，會被那個目的逼迫著前進，不是自己自願的，努力就會事倍功半。

但是，據我觀察，現在大部分人都是為了努力而努力。

帶著目的性學習的人，談不上喜歡或不喜歡某個職業，或許這只不過是他們對未來規劃中的一部分而已。比如，他們為了透過某職業，帶給自己輕鬆、體面的生活；亦或是經由改行，一步一步獲得高薪。有很強目的性的這類人，動力也很強，學習效果也會不錯。

在所有人中，學習收效甚微的，就是心態不明確的人。對自己的未來很模糊，不知道要做什麼，只是單純的考個證照，放著備用。我發現大家都有一個慣用思想，就是證照越多越好，就算用不上，以備不時之需也是好的。因為目的沒那麼強烈，努力的效果也會大打折扣。

▶2. 商業社會裡，專家無處不在，關鍵在於你是否願意投資自己

「術業有專攻」，各行各業都有佼佼者存在。只要我們想學，且肯投資自己，就能找到專業的老師指導我們，這比自己獨自摸索好的多。從投資報酬率的角度考量，這種方式無疑是最快的。

我的一個朋友就是這樣做的，他很喜歡請專家教他。最近還聽到一位有名的專家提起他，說他會花很多錢請教專家，非常捨得投資自己。捨得捨得，捨的多，自然就得的多。

如今，他早已今非昔比。他的課程，一次可以收入幾十萬，多少人羨慕、嫉妒。但他們只看到他表面的光鮮亮麗，卻不知他背後的辛苦付出。

　　這足以說明，正確的努力方法顯得尤為重要。

　　就我自己來說，前段時間突然想學瑜伽，又沒有基礎，就想報瑜伽班，跟老師學習。但我的同事知道了，就勸我別浪費錢，還不如拿去買點好吃的，想練瑜伽，買瑜伽墊、上網看影片練習就可以了。

　　但我認為，花這個錢去吃喝，對我而言沒有意義，反而與練瑜伽的初衷背道而馳。倒不如請專業的老師教我練習。

　　還有些朋友會請私人教練教自己，他們覺得雖然私教很貴，卻是最有效的途徑。有高人指路，你會少走許多冤枉路。

　　最後，我想重申一遍：永遠不要沒有目標的努力，比起不明就裡的努力，正確的方法更重要。

02.
持續而積極的努力：如社群貼文一樣持久

開篇小談

　　每天打開社群媒體，都會看到無數人把自己的生活攤在網路上，彷彿一場盛大的秀。秀恩愛、秀小孩、秀產品、秀美食美景，以及求按讚。在這些社群媒體的各種「秀」中，我最討厭的一種，就是「秀努力」。

　　比起每天發十幾條自拍照的朋友，這種每天在社群媒體秀勤奮、秀努力的人，更讓我厭煩。我無意反對努力這件事，努力本身是沒有錯的，堅持努力的人也值得欽佩，把這種狀態分享給大家也是一件能激勵人的事，周圍的人也會受到感染。

　　可是事實往往並非如此，當努力變成社群媒體裡一場持續頻繁的「秀」時，就難免有博取眼球、騙讚的嫌疑了。這種做作，讓人心生反感。

【情景再現】

　　我的社群網路裡就有一位「秀努力」的人。他是著名的「拚命三郎」，在社群裡每天都意氣風發，每條動態都在展示自己的積極和努力，把我們襯托的頹廢無比。

　　這位朋友的社群內容是這樣的：每天早上七點多，準時發一條動態 ——「新的一天開始了！努力奮鬥！」配圖是當天或晴或陰的

227

天空；他還會經常轉發關於「成功」、「夢想」、「奮鬥」的心靈雞湯，並加上一兩句自己的話——「成功的腳步從今天的奮鬥開始」、「有志者，事竟成！」……等。

剛開始大家並沒有覺得反感，歌頌正能量，總比充滿負能量好。可是後來他的雞湯越發越起勁，也越來越頻繁。我們的社群內容都快要被「你再不努力就完蛋了！」或「年輕人必讀的十本好書」……等雞湯給占滿，讓人真想把他遮蔽掉。

然而，他自己卻沉浸在這種虛幻的「努力奮鬥」氛圍中無法自拔，不知道我們的反感和視覺疲勞。不知道他有沒有意識到，這些雞湯毫無營養，對人生並沒有實質的幫助。

我想他並不知道。

因為他依舊樂此不疲的發文，而且陷入病態的狂熱。除了轉發，他也會寫上一兩句「勵志金句」。去健身房健身，一定要在社群媒體打卡，發健身房的照片，配上文字：「健身打卡第 N 天，連身材都無法控制，談什麼掌握人生！」散發出一股我努力、我驕傲的氣息，彷彿只有他活得努力向上，我們都毫無自律，過得灰頭土臉、暗無天日。

在圖書館看書，也一定會在社群發文，圖書館和書本的照片，再配上文字「美好的一天從閱讀開始，努力！」總之，他生活中無論大小事都要發文，參加活動、比賽、準備考試、看書，哪怕是早睡早起，都值得發一發動態。他在社群媒體裡充滿正能量，每天過得努力又充實，但卻漸漸被我們大家所厭惡。

高老師的幸福解析＋幸福之道

　　在社群媒體裡展現自己的努力，是錯誤的嗎？當然不是，真實勵志的生活很值得分享，我們可以從中了解別人樹立的目標，向優秀的人看齊。只是當這種行為成為一種「表演」，除了虛榮，還能為我們帶來什麼呢？

　　只看社群媒體的話，這位朋友活得很努力，每天充滿鬥志、爭分奪秒的提升自我。簡直就是一個「勵志哥」，一個積極向上的正能量典範，甚至不少人都以他為榜樣。可是，真實的情況並非如此，他遠沒有他自己描述的那般努力。

　　去健身房是沒錯，可是拍拍照、玩玩手機，再在跑步機上跑一跑，時間就過去了。他也並沒有進行有系統的健身，也沒有如在社群所發的文那樣，每天進行。圖書館看書，當然也是去了，可是大部分時間，他都是握著手機，刷一刷臉書、IG，一下午很快就過去了。真正讀書的時間，並沒有多少。白天的時間浪費掉了，只能「熬夜」看書，因為拖延而花費額外的時間完成本職工作，在社群媒體裡也成為爭分奪秒的奮鬥行為。參加活動時，去當個背景、打個醬油，發在社群媒體，也是「豐富」的業餘生活。

　　試問，這種「表演」又能為自己帶來多少收穫呢？

　　我們都知道這是沒用的，然而這麼做的人，在生活中並不罕見。每個人的社群媒體裡，一定有這種人。他們樂此不疲的表演著「努力」，每天打開網路，看到一個個晒跑步公里數、健身打卡、晒書單、晒熬夜工作學習、轉發雞湯金句的貼文，我都想問自己「你今天努力了嗎？」，他們不甘示弱的要把旁人比下去，要爭著當大家心中「最努力的人」。

　　這些晒努力的人，晒得花樣百出，而我只想問：「社群媒體裡展現出的種種努力，你是否真的做到了？」

　　你堅持跑步健身了嗎？你真的靜下心來看書了嗎？背的英語單字，過段時間你還能記住嗎？熬夜工作不是因為拖延嗎？你的努力真的是你在社群媒體裡 Po 的那樣嗎？

　　身邊也有很多不常在社群媒體發文的朋友，他們沒有努力嗎？恰恰相反，這些人中有很多都十分優秀，當有人在社群媒體「表演」時，他們是真正在踏實的努力。

　　當我們在轉發年輕人必讀書單時，別人已經認真讀完這些書；當我們在晒背單字的成績時，別人已經在為托福（TOEFL）、雅思（IELTS）認真做準備；當我們在社群媒體發出「世界這麼大，我要去看看」的貼文時，別人已經踏上環遊世界的旅途；當我們晒出自己為了減肥少吃幾口飯時，別人已經在健身房揮灑了三個月的汗水⋯⋯

　　社群媒體中的「努力」看起來很美，但那只是欺騙自己，除了一個「讚」，什麼也無法得到。真正努力的人，會把努力視為生活的常態，他們不需要告訴別人每天做了什麼，有多努力。因為只有自己才清楚，自己的努力是否真實。為理想打拼，為夢想努力，為目標奮鬥，這些都沒有錯，我只是希望你的努力像自己發的貼文一樣，持續、積極！

03.
外表與內涵的博弈：臉蛋固然重要，才華更為重要

【情景再現一】

　　我經常會在樓梯間碰到鄰居家的女孩，每次見她，她都打扮得光鮮亮麗，青春稚嫩的面孔上，化著豔麗的濃妝，髮型次次不同，假睫毛貼得像兩把小扇子。

　　有一天，我和鄰居王媽媽聊天，一提起她家女兒，王媽媽忍不住向我抱怨：「整天就只知道愛美，這學期又有兩個科目沒通過，剛跟我要完補考費。不到一年就要畢業了，不知道有沒有公司肯要她，我都替她煩惱了。」我只能趕緊安慰王媽媽：「您放心吧！這年頭只要肯吃苦，怎樣也會有工作。」

　　過了幾天，王媽媽出門買菜時，扭傷了腰，我前去醫院探望她。她女兒當天正好在旁陪伴，打扮還是和平常一樣顯眼，妝化得還是那麼濃。看到我後，王媽媽請她女兒出去拿開水，然後對我使了個眼色，我坐到了她的身旁。王媽媽看著我，嘆了口氣：「妳也看見了，就是這麼讓人操心。我前天問她將來打算做什麼，她就翻白眼、不耐煩。我看，要不妳哪天跟她聊聊？妳們都是年輕人，或許她會跟妳說實話。」

　　我的第一反應是想要拒絕，但面對王媽媽無奈的眼神，我實在說不出拒絕的話。躺在病床上動彈不得，還在操心女兒的前途，真是可憐天下父母心！

　　王媽媽的女兒拿水回來後，我找了個理由，請她陪我下樓逛逛，瞎聊了幾分鐘，說了一堆沒用的廢話後，我開始進入正題。我剛說出「理想」、「前途」、「人生方向」這幾個字，女孩就呵呵一笑：「是我媽要妳跟我談的吧！她就是愛操心。」

　　我尷尬極了，但想起王媽媽的託付，我不得不問下去，「難道妳對將來沒有一點打算嗎？」

　　「當然有啊！」她不滿的說，「我將來打算隨便找份工作，然後找個人嫁了，當一個幸福的全職太太。」

　　這麼年輕的女孩，說出這個答案，實在叫我意外：「然後呢？」

　　「然後？然後就是好好享受人生啊！我早就看清楚了，女人啊！做得好不如嫁得好。」

　　她回答得乾淨俐落，我卻瞠目結舌。我曾不止一次聽到「做得好不如嫁得好」這句話，但當一個 20 出頭的女孩，擲地有聲的說出這句話時，我還是覺得驚訝和意外。

高老師的幸福解析

　　當天回家後，我忍不住找朋友說這件事。朋友算是見多識廣的人，聽我說完那番對話，他對此頗不以為然。他身邊有很多年輕漂亮的女孩，都抱有這種想法，青春和美貌是她們最大的資本和籌碼，她們像一個個賭徒，不斷在眾多追求者之間，挑選最優秀、最富有的那一個，然後贏得優越的生活。畢竟，在如今的社會，青春與美貌早已標好價格，男人們也願意用財富去交換。

　　我從來都不反對任何女孩追求美。恰恰相反，在我看來，20 多歲的女孩穿美麗的衣服，化精緻的妝容，盡情的打扮自己，這樣才不辜負上天賜予的青春和美好。

　　但是，需要明白的是，這個年紀要做的事，從來不只打扮這一件，青春美貌是上天給予的禮物而不是籌碼。說到這裡，我們又不得不承認，這個時代大眾對美貌特別偏愛，長得好看的女孩，總能得到更多機會，但機會僅僅只是機會，能不能把握，能不能從中提升自我，絕不取決於顏值高低，而是取決於我們的內在。

　　前段時間，網路上有一篇叫〈明明拚臉就能贏，她們卻一定要拚才華〉的文章，文中列舉了一堆家境、老公、外表都非常優秀，明明什麼都不用做、已經是人生贏家，卻偏偏倔強地要憑自己能力打拚天下的女人們。出於好奇，我也看了這篇文章，想到了我的一個大學同學。

【情景再現二】

　　這位同學以美貌著稱，她漂亮到什麼程度呢？她素顏時，就像日系雜誌的封面女郎；走在街上，會有男人不斷回頭看她；出門買東西，經常被店員詢問是不是演員。即使是在女生占 90% 的學校，她的顏值也是壓倒性的，實在讓人羨慕。

　　除了顏值，她的智商也很高。大學 4 年裡，她的成績一直名列前茅，而且博覽群書，詩詞歌賦或英文諺語，都信手拈來。很長一段時間，在我心裡，她就是「秀外慧中」、「智慧美貌於一身」的化身，她的美，讓同為女人的我，都忍不住欣賞。

　　上天對有些人就是如此偏愛，她不僅美貌聰明，還家境優越。記得當年我們還在用 BB.Call 的時候，她已經拿著爸爸買給她的 Nokia；我們聽隨身聽的時候，她用的是媽媽送的 CD 播放器。並非父母溺愛，而是她家裡多年經商，生活環境本來就十分優越。

只要認識她的人，都會相信上天在造人時是偏心的。一出生就擁有美貌、聰慧和財富，可以隨心所欲的生活，每天逛街、養貓、澆花就可以輕鬆自在的過一生。但她卻偏偏選擇另一條路。

上大學時，她就對手工藝特別著迷，一有空閒就買各種材料，製作各種手工作品。畢業後，她沒有選擇去家裡的公司，而是不顧父母的反對，開了一間自己的網路商店，專門販賣她的原創作品。

剛開始時，經營並不順利，常有一星期都沒有開張的情況。她有點著急，意識到想要經營好商店，不能只靠坐在電腦前、等顧客主動上門。於是，她開始在各大論壇貼文，因為文筆優美，受到很多關注。她還會親自去創意市集擺攤，就算只看不買的客人，她也會贈送一張自己店鋪的名片，主動宣傳。

慢慢地，她找到了產品的定位和特點，店鋪經營越來越順利，客人也越來越多。在創業期間，她沒有接受家裡和男友一分錢的支持。除了愛車 BMW 讓她走到哪都有點顯眼外，她和其他自主創業的女孩一樣，默默努力著。

在有了一些資金後，她開了一間自己的小工作室，承接婚禮現場或店面布置，生意很不錯，顧客盈門。雖然賺到的錢，遠不如繼承家業來的多，但這個真正屬於自己的事業，帶給她的踏實和快樂，是什麼都無法代替的。

▌高老師的幸福解析 ▌

在面對老天爺的偏愛，面對自己擁有的、他人夢寐以求的一切，我的這位同學選擇走自己的路。因為她知道，老天偏愛是一回事，自己能否對得起這個偏愛，又是另一回事。小時候她很愛看《倚天屠龍

記》，卻始終不明白，趙敏為什麼放著手下一大堆高手不使喚，偏要自己千辛萬苦去學武功。後來才明白，當她家中發生變故，不再是天之驕女時，那辛苦練就的一身武功，成為她唯一可以依靠的東西。

所以，無論此刻你正坐在腳踏車或 BMW 上，是在哭泣還是在歡笑，這都不重要。因為這只是你人生中的一個片段，它不代表你未來要過的生活，它不是人生的結局。重要的是，你所擁有的一切，是不是真正屬於你；當你青春不在，當你陷入困境，當你的生活天翻地覆時，你是否也能依靠它；當你不再是某個人的某某，當你失去所有身分，當你僅僅是你自己時，你能否過想要的生活。

高老師的幸福之道

對於年輕人，我想說的是：青春和美麗終究會消逝，富貴美滿也不是一生注定，我們每個人都會面臨衰老，都會面臨生活的變遷。年輕時我們對待自己的態度，將會決定未來我們會走上什麼樣的道路。用青春和美麗為籌碼去換取的東西，終究會因為年老色衰而失去。把人生視為一場修練，珍惜擁有的一切，不斷奮鬥進取，隨著年齡增長，我們獲得的會越來越多。

這裡沒有技巧和方法，我只是把這個幸福之道的理念傳授給你，至於你該如何努力，那就看你的了。

套用那句膾炙人口的話結尾：「我不想嫁入豪門，因為我自己就是豪門！」

這句話實在霸氣。與其做一步登天的夢、等待縹緲的機會，寄望於某個「貴人」，不如趁年輕，做一些該做的事，當自我變得強大和豐富時，你會發現，自己就變成了那個人生中最大的機會和貴人。

04.
白日夢的管理：控制大腦中的夢幻數量

開篇小談

　　我們心底總有各式各樣的幻想：「我渴望白馬王子出現在身邊」、「我希望擁有一輛 BMW」、「我希望我中樂透」……這些幻想可以激勵我們前進，但如果我們整天幻想，一味陷於其中，那就是讓思想增加負擔，會導致心情壓抑，體會不到幸福。

　　為什麼幻想會產生如此不利的影響呢？因為當幻想十分離奇或根本不可能實現時，就是非理性的空想，可稱之為「白日夢」，和靈感不同，這通常是一種無用的「垃圾」，它不會產生實際價值，只會白白占據大腦的空間。因此，大腦留給其他資訊的空間變小了，記憶力就會變差。

　　回想一下，我們和別人談話時，是否會注意力不集中，聽不清或聽不見別人剛才說什麼？是否在工作中有心不在焉的時候，平時能做的工作，卻怎麼也做不好，甚至找不到思路？……這些都是「白日夢」對我們產生的干擾現象。

　　所以，當我們發現自己經常沉醉於「白日夢」時，要提醒自己控制大腦中「白日夢」的數量，把更多注意力放在眼前，致力於克服現實生活中的困難和挑戰。

　　說到這裡，我跟大家說一個朋友的故事。

【情景再現】

我有一個多年老友，他是一個生性浪漫的人，常常幻想自己擁有一輛超酷的賽車，享受風馳電掣的快感；幻想有一天能周遊世界，去巴黎看歌劇，去日本看櫻花；還幻想娶到一位美麗、善良的妻子，能跳出優美的舞蹈，還能唱出悅耳的歌聲……然而，由於工作不順，他的收入有限，他不能自由地開賽車、不能周遊世界，他還與一位很普通的女孩結了婚，他的妻子不僅長相普通，也不能歌善舞。

那些美好的幻想不可能實現了，意識到這點後，這位朋友覺得他的人生糟透了，他整日鬱鬱寡歡，後來乾脆自暴自棄。他的妻子是一個善良且有智慧的女子，她看到丈夫這個樣子，非常心痛，不僅細心照顧他，為了開導他，她請我幫他丟掉這些負能量，切換到正能量的頻道。

一個午後，我約這位朋友喝下午茶，當我把他妻子為他所做的一切一一告知他後，我看到他眼中流露出對妻子的感激，接著我對他說：「我知道你有很多美好的想法，但每個人都不可能預測未來會是什麼樣子。如果你對生活感到失望，那就將那些想法忘記吧！這樣你才能創造精彩的人生。」聽了我的話，他開始慢慢釋然了，他明白虛無的幻想只會白白浪費時間和精力，他努力忘記那些幻想，頓時感受到生活充滿了陽光。

高老師的幸福解析＋幸福之道

有一種說法是，世界上有兩種人：空想家和實踐家。空想家們善於想像、談論、渴望，卻從不主動實現自己的夢想。而實踐家則

不同，他們從來都是少說多做，不管是研究、實驗、寫書、參加馬拉松，還是其他事業，他們都能身體力行。空想家和實踐家，誰更勝一籌？不言而喻。

的確，命運不會寵愛幻想的天才，相反，它偏愛的是有頭腦、有實際才幹的人。

我有兩個同學，她們擁有相同的職業理想，就是當電視節目主持人。

畢業後，其中一位同學充分相信自己在主持方面的才能，她經常對別人說：「只要有人能給我一次機會，讓我上電視，我相信自己一定會成功」，她不斷乞求上天能賜予自己機會。等待了一年多的時間，機會沒有光臨。她變得焦急、苦悶，又開始將夢想寄託到父母身上，「如果我父母是電視臺主管有多好，我就……」

另一位同學則不同，她不會無休止地幻想，而是跑遍每個電視臺，但都因沒有工作經驗而被拒絕。不給工作機會，怎能獲得經驗呢？她覺得這個要求太不合理了，後來她在應徵會上，看到某電視臺正在應徵一名實習主持人，那個電視臺在山區，偏遠荒涼，但她顧不了那麼多，她想：「只要能和電視臺沾上邊，能讓我主持，去哪裡都行。」她一去就是一年，在這一年的工作時間裡，她累積豐富的工作經驗，主持能力也提升不少。當她再次去其他電視臺應徵時，輕而易舉就成功了，並逐漸成為一名著名的主持人。

幻想大多是雜亂無章的，現在就整理一下吧！順暢地呼吸，不必刻意去想或不去想，關注此時腦中出現的任何念頭。分析一下，哪些是確定無法實現的？哪些是沒有意義、沒有價值的？對於這

些，你大可毫不留情地「丟棄」。如果有些幻想能實現，且有一定價值，那就考慮付諸行動。

行動勝於空想，這種大道理誰都懂，唯一的阻礙是你能否下定決心。接下來看你的。

05.
夢想的實現：努力與方法並重

高老師的幸福解析＋幸福之道

　　偉大的哲學家蘇格拉底（Socrates）曾說過一句話：「世界上最愉悅的事，莫過於為夢想而奮鬥。」追逐夢想、實現夢想，是我們每個人的願望。然而當我們開始為夢想奮鬥時，會發現有一個巨大的困難擺在我們面前，這個困難就是 —— 我們究竟要怎麼努力，才能讓夢想落地？

　　所以，本節我想傳授給大家，該如何努力讓夢想落地的具體方法。想讓夢想落地，當我們摩拳擦掌，準備大幹一場前，我們要先問自己兩個問題。

　　第一個問題：我努力的方向正確嗎？

　　有個成語叫「南轅北轍」，意思是：欲往南方，卻駕車向北行駛。當夢想實現的方向與我們努力的方向不一致時，越努力就越迷茫，也就離實現夢想越來越遠。

　　我在送女兒學鋼琴時，碰到一對母女，每次都是媽媽送女兒上課，風雨無阻。女兒練習很勤奮，堅持學習了很長時間，可是女兒的進步卻不是很明顯，媽媽也很急躁。有段時間，小女孩明顯情緒低落，顯得壓力很大。

　　我跟孩子媽媽溝通後發現，她對鋼琴的熱情，遠遠超過女兒。透過聊天，我慢慢了解到，原來這位媽媽從小就有彈鋼琴的夢想，

可是小時候因為家庭因素，沒能實現這個夢想。因此她希望女兒能學，她早早就為女兒買了鋼琴並積極陪孩子上課。我問她是否意識到孩子的壓力，並建議她傾聽孩子內心的想法。與其逼孩子上不喜歡的鋼琴課，為什麼不自己學呢？

這位母親把自己的鋼琴夢放到孩子身上，錯誤的方向導致相反的結果。夢想在錯誤的土壤上，是無法開花結果的。

第二個問題：我的努力有效嗎？

要讓自己的努力有成效，首先要警惕的是虛榮感。

上高中時，每個同學都會準備一個課堂筆記本，歸納每堂課的重點內容。我們班上有個同學的筆記總是做得特別精美，圖文並茂。抄筆記這項繁瑣的工作，在她眼裡不僅不是負擔，反而是種享受。

她精美的筆記本常常受到老師和同學的讚美，她慢慢喜歡上整理筆記，為它們配插圖和漂亮的貼紙。老師常常在班上表揚她，並把她的筆記本在班級內傳閱，鼓勵我們學習。

然而這位筆記做得精美的同學，成績並不理想。

筆記做得好這件事，為她帶來讚美和滿足感。虛榮心使她在這件事上花了更多功夫。做筆記的本質，是幫助記憶和歸納總結，而這個同學卻本末倒置，把筆記做成一種形式。

其次，我們要記住的是，成功沒有捷徑。

在培訓的過程中，經常會有學員問我，如何在短時間內熟練、掌握一門技能？如何在短時間內成為一名行業專家？在這個講求效率的時代，人人都在追求捷徑。

我們都聽過「一萬個小時理論」，如果要成為專家或精通一門技

藝，需要一萬個小時的專注努力。把時間平均分配到每一天，如果每天花 4 小時做這件事，加起來需要 7 年的不懈努力。在這七年時間裡，如果我們沒有全力以赴，而是時斷時續，那我們達到目標所需要的時間就更長了。

當我們看到別人的成功，我們只看到鮮花和掌聲，還有榮耀的光芒，卻總是忘記成功背後所有的艱辛和寂寞。那些成功的人，之所以從不渲染他們堅苦卓絕的努力奮鬥，是因為努力是他們的生活常態，就像呼吸和吃飯一樣自然。當我們想尋找成功捷徑時，請記得，沒有人可以隨隨便便成功。

過於追求細枝末節的完美，也是前進的阻礙。

一個朋友為自己的工作室開設 IG 帳號，最初她為了把頁面做到盡善盡美，花了很多時間研究排版，其間她使用各種方法，因為追求完美，她對版面的要求近乎苛刻。後來她發現這些事情實在太耗費精力了，在弄清楚自己開設 IG 帳號的目的後，她選擇了放棄親自設計版面，而是專注於豐富頁面的內容，維持文章的品質和數量。

她現在找了一個助手，專門幫她處理版面問題，而她自己把更多的精力放在更值得專注的事情上。

對於適當捨棄，朋友有深刻的領悟：「那些不肯捨棄的能力，終有一天將成為負累。」

為什麼說成功的人需要高度，因為當我們站在一個更高的位置上俯視時，我們更能抓住主要脈絡。那些細枝末節，需要適當的捨棄，把它們交給專業的人去做，同時懂得與他人合作，而不是事必躬親。事事抓在手裡、要求完美，反而會阻礙成長。

　　把精力花在真正重要的事情上，讓自己成為不可或缺的人，而不是一個沒有專精的「全能」人。

　　到此為止，關於讓夢想落地的具體方法，你已經知道很多了，但你知道以上我介紹的內容中，最重要的是什麼嗎？答案是「立即行動」，實際運用。努力並不難，就是行動起來，越快越好！如果你沒有真正地運用，那麼剛才看這些內容所花的時間，就純屬浪費。

　　願你早日摘得夢想的果實。

06.
三個比努力更重要的因素

【情景再現】

去年某天，一個學員向我傾訴他工作的困境，原來他在職業發展上遭遇「瓶頸」。經過半天的交流，我發現他的困惑，也正是當下很多職場人士的困惑 —— 對待工作非常努力，但那些沒有努力的人卻更成功。

這位學員是一位高材生，可謂「天之驕子」，畢業後他成功地在一家公司從事科學研究工作。幾年後，這個公司遭遇改制，他不得已跳槽到另一家公司上班。十年過去了，他在專業方面無話可說，一直是公司的骨幹，但在職業發展上卻一直停滯不前。

學員告訴我，他表面上被稱為部門的「核心員工」，其實是公司的所有技術難題都由他來處理，但好處和功勞卻被上司拿走了。

而在這 10 年，他的同學大部分都已小有成就，自主創業的人，也都過著衣食無憂的生活；在公司上班的同學，基本上也都當到管理階層了。唯有他，十幾年來職位晉升緩慢。

高老師的幸福解析

經過深入了解，我對他說：「你有沒有想過，你今天的退步，是因為你過度努力造成的？」

一直以來，我們都堅信「用努力改變自己」，但因為過度強調努

力的重要性，而進入了一個認知的錯誤。

為什麼我說「過度強調」呢？主要依據有兩個：

一是我們對待成功的態度。如果一個富二代成功，我們雖然也會肯定和讚賞，但我們內心更佩服那些白手起家的人。

另一個是我們對待失敗的態度。如果一個非常努力的人，最後不幸失敗了，我們只會為他感到惋惜，但不會指責他；如果一個工作不努力的人失敗了，我們都會認為他失敗的原因是不夠努力。

總結起來，大家普遍認同的邏輯是這樣的：

1. 那些透過努力獲得成功的人，更值得我們學習；
2. 「不夠努力」是造成失敗的重要因素。

這也說明，努力與成敗息息相關。

很少有人去求證這套邏輯的合理性，但我認為這種邏輯有點牽強。

假如我們以「成功」為目標，雖然付出很多努力，但不一定都能成功。如果我們過度強調努力，信奉「唯努力成功論」，但沒有配合其他因素，也只會重複失敗。我們老是說不要低頭拉車，要記得抬頭看路，也就是說，影響成功的因素，不只是努力。依我看來，至少有三件比「努力」更重要的事。

高老師的幸福之道

我這麼說，並不意味努力不重要。努力不僅是成功的要素之一，也是成功的基本要求。只是在努力之外，還有太多重要因素，總被我們有意無意忽略了。

在這些重要因素中，「找對方法」、「提升預判能力」以及「在一件事情上不斷累積」是最主要的三個。我們在努力之外，不妨多花些時間想想這三件事，或許是讓我們獲得成功的更好方式。

▶ 1. 找對方法

找對方法，是指我們必須透過現象看本質，花時間研究各種不同現象背後隱藏的共同規律，並據此提煉出一套解決問題的、具有一定普適性的方法體系。

我們說「授人以魚，不如授之以漁」。就拿高中教育來說，有的學校主張填鴨式教育，以標準模式、流水線模式來製造高分學生；有的學校主張素養教育、自主學習，推行關鍵能力的培養。

那些用練習、死記、硬背方法學習的學生，遇到靈活一點的題目，只會束手無策；而那些掌握自主學習方法的學生，會專門花時間研究不同考題的出題規律、不同定律的排列組合，從而摸索出一套靈活的解題方法，這本質上就是方法論的一種。

方法論的核心，不是思考「這樣才能把事情完成」，而是探索「為什麼透過某種方式，可以把事情完成」。擁有並學會這種思維習慣，就能自主探求影響事物結果的因素，尋找應對相關變化的解決方法。這樣，無論這件事情如何變化，我們抓住它的因素和變數，就自有一套解決之道。

無論工作還是創業，我們面對的環境和情況都很複雜，沒有標準答案，更沒有標準問題，還帶有無限變數。這種情況，如果我們沒有一套方法論，單憑努力怎麼解決？

▶ 2. 提升預判能力

不管升學還是求職，都會面臨大量的「決策時期」，我們說人生選擇大於努力，就是指在人生的關鍵點，一步選錯，則步步出錯。

有多少同一條起跑線的人，因為選擇不同，最終繪製了不同的人生曲線。當年那些非常努力、特別優秀、遙遙領先的人，最後卻淪落為最後一名。誰也沒有未卜先知的本領，但每次判斷和預測，都需要運用到個人掌握資訊的廣度，和思考資訊的深度。而這些能力完全可以透過訓練提升。

擁有一定的選擇和判斷能力，我們需要透過大量閱讀及資訊蒐集，來提升自己的眼界，擴大資訊的廣度；我們還需要逼迫自己跳出事物本身，站在更高、更廣的角度思考資訊的深度。

只有這樣，當面臨變化和選擇時，我們才會有自己的主張，才會將人生帶到正確的方向，而不至於迷失。

▶ 3. 在一件事情上不斷累積

不管做什麼，要在一件事情上不斷累積，到達足夠的時間長度。

例如我的朋友，她很聰明，也非常努力、有判斷力，但職業生涯卻非常坎坷，一波三折。畢業 10 多年，她先進入當地最有名的財團，經過 3 年多的努力，終於榮升高薪的部門經理，並多次享受環球旅行。然而受網路經濟的影響，零售實體店面銷售量年年下滑，經濟效益每況愈下，於是她決定辭職。

辭職後，她進入一個全新的行業 —— 餐飲業。她與朋友合夥投資了一家火鍋店，剛開始幾年生意還不錯，但因投入較大，5 年後

才開始回本。正當可以收穫果實時，卻不幸遭遇食品和經濟危機，火鍋店所在的商業中心人流稀少，面臨轉讓、停業的命運。

不得已，她轉讓了火鍋店。因為擅長的專業就業局勢不好，她決定學習會計，從頭開始。就這樣，40 多歲的她，成為會計行業最底層的員工，與剛畢業的學生處於相同起跑線。

她的選擇沒有錯，儘管跳槽 3 次，但現在看來，每次都是對的。但她的每次跳槽，缺少連貫性和累積性，每次都是從零開始，最後她無奈笑稱自己是 40 多歲才開始學走路的孩子。

現在我們提倡工匠精神，也就是指一個人要專心把一件事做好，做到極致。只有這樣，我們才可能站在這個行業的頂端。

我之所以強調注重累積性的原因，主要有以下三點：

1. 無論金子塔原理還是社會階層論，都是指大多數人處於「塔底」，是同一個水準，而「塔頂」的人往往都像竹子一樣，經過 3 年、甚至數年的蟄伏和累積，才能獲得勢如破竹、直入雲霄的能量。

2. 任何行業，都有週期性和波動性。不要老是想著哪裡熱就往哪裡擠，我們不是孫悟空，沒有十八般武藝在身，更何況怎能確保每次都踏在時代的風口？當我們所處的行業正在下滑，也不要急於迅速改變，可以在等待、觀望和努力中，迎來行業的春天。

3. 機會的到來是無法預期的，但可以確定的是，機會真正來臨時，它垂青的一定是在行業內扎根已久的人，累積到一定階段，我們才更有能力掌握閃現的機遇。而頻繁更換行業和工作，掌握機遇的機率是不斷降低的。

第 9 章
財富的簡易獲得法
—— 有錢的確會多一點幸福

對金錢和幸福之間的關係，很多培訓師都鼓吹「有錢不一定會幸福」。但這樣的理念卻發揮不了一點作用。金錢對每個人的作用都是無限的，雖然金錢不一定會讓我們幸福，但有了它，幸福的確會多一些。在我長期實踐和推行自我維護、財丁兩旺的過程中，我根據獲得財富規律的實際經驗，整理出財富的簡易獲得法，我期盼所有渴望致富的人們，都自覺遵照執行。

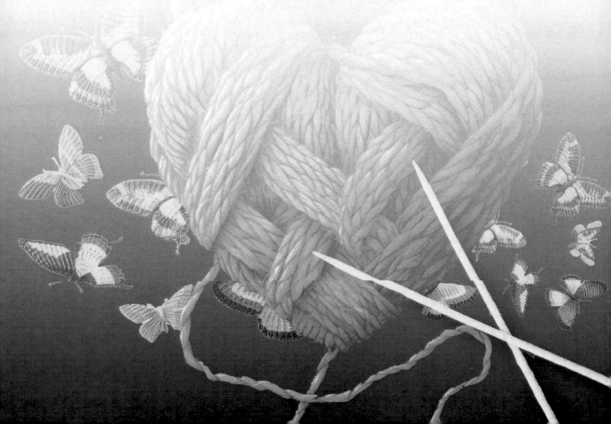

01.
擺脫貧窮的奇蹟：6 大妙方

高老師的幸福解析

我的出身並非富二代，工作也是從最卑微的謀生起步。我與所有人一樣，並沒有具備什麼特別的優勢或資源。

我的第一個家當，不過是十分精美的錢包。我期盼它會飽滿，裡面時時有叮噹作響的金子相互碰撞。所以我不辭一切辛勞地遍尋那些可以使我的錢包變得飽滿的良策妙計，最終，我找到了根除貧窮的 6 大妙方。

我會向讀者一一詳盡解說根除貧窮的 6 大妙方，這是我對任何試圖擺脫貧窮、渴望財富者的完整建議。

請大家注意用心聽我分享這些知識。你們可以跟我交流，或是在閱讀本節內容後，找朋友、同事相互討論。要是你能把我教的這些獲得財富的方法，理解並運用的十分透澈，這篇內容一定會為你的錢包播下財富的種子。

從現在開始，每個人都要透過自己的雙手創造財富，然後成為擅長創造財富的人，最後再把我們的方法推薦給更多人。

高老師的幸福之道和情景再現

現在，我先告訴大家如何讓錢包遠離空空如也的狀況。這是走向財富大門的第一步，當你成功踏出，財富就會離你越來越近。

▶第 1 個妙方：增加你的收入

有一次，我問學員：「如果你有個籃子，每天早上放 10 顆蘋果，晚上拿出來 9 顆，一直如此，最後會怎麼樣？」

有個學員斬釘截鐵的回答：「有一天籃子肯定會被裝滿啊！」

我反問他：「為什麼呢？」

他接著說：「因為我每天放進去的蘋果數量，都比拿出來的多一顆。」

我又問大家：「你們的錢包飽滿嗎？」大家很有默契的搖搖頭。甚至還有人拿出自己乾癟的錢包晃了晃。

等到這陣嘈雜聲安靜下來，我繼續說：「現在我告訴你們慢慢富有的方法，就是像放蘋果一樣，每天放進錢包裡的錢，要比花掉的多。比如你每天放進 10 塊錢，只能花掉 9 塊錢，長期堅持下去，你的錢包一定會漸漸鼓起來。分量慢慢增加的錢包，會讓你充滿成就感。」

不要對這個簡單的方法嗤之以鼻。積少成多，滴水穿石。我曾經跟你們大多數人一樣，錢包比臉還乾淨，很多夢想都無法實現。我開始用這個方法，每天往錢包裡放 10 塊錢，但我只用 8 塊或 9 塊，剩下的就存起來，後來，我的錢包真的漸漸豐滿起來。相信你們也一定可以做到。

▶第 2 個妙方：控制你的開銷

如果我們把每天的開銷記錄下來，就會發現，其實花了不少冤枉錢。所以我建議大家，在家裡看得見的地方或手機螢幕上，寫上幾個大字 ——「錢要花在刀口上」。

關於這一點，我可以給大家一個建議。把每天需要花錢的事項，寫在一張紙上，不論大小。然後酌情刪掉裡面無關緊要的開銷，最後用錢包裡十分之九的錢，把剩下的開銷解決掉。其實，那些無關緊要的開銷只是曇花一現，我們切不可在這些事情上消費太多的額度。

假如做到了上面這一點，那我再給你一個進階的建議。針對這些有必要的開銷，進行預算。記住，千萬不能動錢包裡已經有的十分之一，這樣我們會越來越擅長理財，而錢包也會越來越鼓。

▶ 第 3 個妙方：讓錢生錢

雖然錢包鼓鼓的，的確讓我們感到滿足，但這不過是一個守財奴狹隘的世界觀。對我們來說，如何讓錢生錢，才是科學的幸福之道。

既然如此，該怎麼利用這些金錢呢？偷偷告訴大家，我的第一次投資血本無歸，整整賠了 400 多萬，那可是我的全部家當。而我第一次賺錢的投資，利潤也相當可觀。

我可以非常負責任的告訴大家，財富並不取決於口袋裡的錢有多少，而在於他利用財富創造財富的能力。簡單來說，想要發財，節流沒用，開源才是王道。當我們把錢拿去投資，就等於口袋裡有持續不斷的進帳。

▶ 第 4 個妙方：避免財富遭受損失

天有不測風雲，人有旦夕禍福，一輩子難免會有些小「災禍」。最讓人痛心疾首的，莫過於手中的錢財不翼而飛。如果不看緊錢包，很容易會讓財富流失。因此，我們要特別珍惜小錢，有一天，

小錢終會變成大錢。

在這裡，我還要告誡大家，不要輕信高利投資，別被利潤矇蔽雙眼，糊里糊塗就把錢丟到陷阱裡。決心要投資時，不妨向身邊經驗豐富的朋友多請教，多學習，也許我們會付出一些小小的代價，但比起日後巨大的損失來說，這點代價就微不足道了。

這就是第 4 大妙方：緊守財富，避免損失。

這個妙方非常重要，它會讓我們好不容易豐滿起來的錢包有個保障。想要守住到手的財富，就要學會安全投資、科學投資。

▶ 第 5 個妙方：為將來做好準備

懂得理財的人，一定知道未雨綢繆。我們需要把這些錢投入到可靠的投資裡，當我們老去，就能用這筆「未雨綢繆」的錢，保障我們的晚年生活。

現在保險的種類繁多，平時定期支付在保險裡的錢，最後會累積成一大筆財富，當我們去世時，這筆錢能夠保障子女的生活，這筆開支是值得的投資。

我非常認真的奉勸大家，一定要想想當我們年老了、沒有錢怎麼辦。理由很簡單，當我們已經年邁，喪失工作能力，沒了經濟來源，此時的我們該如何生存？

▶ 第 6 個妙方：提升你的賺錢能力

前不久，有個朋友來找我借錢。我問他發生什麼事，他非常失落的跟我說，他的薪水一直入不敷出，現在連基本生活都成了問題，不得已才來向我借錢。我知道這是一個還貸能力十分欠缺的人，很可能沒有能力償還我借給他的錢。

我對他說：「我覺得你的當務之急，是要努力賺更多錢，你有沒有想過，該怎麼提升賺錢能力呢？」

他馬上回答我：「當然有，我每個月都找老闆幫我加薪，但都沒成功，還差點丟了工作。」聽完他的話，我們一定會笑他太單純，把加薪這件事想的這麼簡單。但是，他的確具備一個增加收入的條件，那就是對高收入的渴望。這一點很重要。

當我們在不斷提升自我的同時，還克盡己職、努力工作，那賺錢的能力同時也會提高。當我還是個默默無聞的企業培訓師時，一個月才賺幾萬塊。我發現，身邊的同行不僅賺得比我多，工作能力也比我強，培訓課程講的滴水不漏，基本上不會出錯。從此我奮發圖強，工作能力穩步提升，慢慢的，我的收入也提高了。

因此，這就是第 6 大妙方：完善自己，提高自己的賺錢能力。透過不斷努力和付出，讓自己成為善於理財、擁有智慧的頭腦、自尊自重的人。

那些已經脫貧致富的人，還有不少細節是我之前沒提到的，他們有不少特點值得我們學習，比如：

◆ 照顧好家人，讓自己成為家人的驕傲；

◆ 對身處困境的人懷有憐憫之心，盡自己所能幫助他們；

◆ 債務要及時還清，不要購買超過購買能力的物品；

◆ 提前立遺囑，以防萬一自己突然離去，先恰當的分配好財產。

那麼，我說的這 6 大方法，你學會了嗎？

02.
慈善的真諦：心比金錢更有價值

【情景再現】

　　我是個非常容易相信別人的人，認為社會上好人比壞人多；認為相信他人，他人也會給自己信任。

　　我讀大學時，在科系交流會上認識了一個學姐，我們一年見不到幾次面，只是偶爾會聊一下課業安排。畢業後的一天，學姐突然打電話給我，說家裡有急事，要找我借錢。我二話不說，就把我的薪資全給匯過去了。一週後，她把錢及時還給我。

　　後來一位企業家朋友問我能不能幫他周轉一下，我想了想，把錢借給他了。後來他按時還錢。

　　也有借錢沒有歸還的人，我相信這不是他們的本意，如果他們有錢了，一定會還我的，畢竟我相信我們之間的緣分，比錢還值錢。真的碰到還不了的，我依然祝福他們越來越好。

高老師的幸福解析

　　看到這裡，也許你會嘲笑我傻，但大部分人還是信守諾言，還錢給我了，也因為我無條件的信任，我們成為非常好的朋友。有朋友之前找我借錢，後來不僅還了，在我媽媽去世時，還幫我張羅事宜，一直默默陪在我身邊。我非常開心這些朋友為我帶來的溫暖。

如果因為某個人的失信，我就對全部的人都持懷疑態度，那我現在也不可能有這麼多好朋友。

什麼叫「相信」？不是不經世事，天真的相信每個人，認為這是個完美的世界。而是在經歷過黑暗和欺騙後，我們仍然願意付出，仍然相信人世間的美好。

當我把錢借給別人時，其實我早就做好拿不回來的準備。但是，就算失去了這筆錢，我日後也能賺回來。為什麼不去相信世界是美好的呢？

除了工作、健身、讀書、寫稿、培訓、研究幸福之道……我還一直堅持一心向善。

在我的課堂裡，我經常分享一個故事：

聯合國前祕書長安南（Kofi Atta Annan）卸任時，在德克薩斯州的一個莊園裡，舉行一場慈善晚宴。參加這個晚宴的人，都是政商名流。有一個叫 Lucy 的小女孩來到場外，捧著她的存錢筒站在門口，保全不讓她進去。

Lucy 對保全說：「叔叔，慈善的不是錢，是心，對嗎？」保全被這個小女孩的話震懾了。因為這句話，打動了她身後的股神巴菲特（Warren Edward Buffett），巴菲特帶著小 Lucy 進入慈善晚宴的現場。當天晚上的主角，不是安南，也不是捐了 300 萬美元的巴菲特，而是這個只捐了 30 美元又 25 美分的小 Lucy。並且，晚宴的主題標語也變成：「慈善的不是錢，是心。」

這句話也是我要教給學員們的：「慈善的不是錢，是心。」

一次，一個學員問我：「高老師，我感到很困惑，我是一個企業的培訓師，我跟您一樣，培訓時為大家傳播正能量，別人會覺得過

度消費。但是，當我講自己的真實經歷時，別人又會覺得我在賣弄慘狀。這該怎麼辦呢？」

其實，我也有過這種經歷。是不是一定要把故事講得苦情，才能感動他人？這時，我們需要這麼做：首先，在講自己的故事時，不能總提過去的事，還要講講新的成就，避免原地踏步，老是同一鍋雞湯。其次，一場演講下來，哪怕只有一個人獲得收穫，這也是成就，畢竟，想要觸及他人的靈魂，是非常困難的。傳播善意是一種實名，善意不能用數量去計算、衡量。即使你的善意被 100 個人中的 99 人當成炒作和無病呻吟，只要有一個人受益就夠了，不要在他人的目光中迷失自己。

愛心不分貧富，愛心不以金錢的數量來衡量。奉獻愛心，盡自己所能，就是偉大的。善良的心是不分高低貴賤的，只要懷有真誠的慈善，我們的心靈就是高貴的。

高老師的幸福之道

新聞中經常有報導聲稱，XX 企業為小學捐了一座圖書館，XX 明星為災區捐了多少錢，XX 企業成立慈善基金會幫助兒童，XX 明星領養了一隻流浪小動物……每每聽到這些，我們就羨慕不已，有錢就是好啊！可以幫那麼多人，自己有心無力啊……

其實，關於慈善，我們要明白，愛心不在乎錢的多寡，而在於你捐的錢對受贈者的意義有多大。也許 1,000 元對你來說只是一件衣服的錢，但對山區的孩子來說，可能是一學期的學費，或半年的伙食費。同樣的，看一個人對你好不好，不是他有 100 萬，只給你50 萬；而是他只有 100 塊，卻願意把 100 塊全部給你。

那麼，我們如何以微小的力量奉獻我們的愛心，獲得幸福呢？以下是我的兩個方法：

▶ 1. 時刻行小善，心中記大善

我們居住的環境，每個人都有義務去愛護它。從自己做起，隨手關燈，節約用水，愛護花草樹木，漸漸影響身邊的人，讓天空永遠蔚藍，讓草地永保青綠，讓空氣永遠清新。心懷大善，才是真正慈悲之人。

▶ 2. 盡自己所能去幫助身邊的每一個人

生活的方式各式各樣，想讓自己活的有意義，且讓他人的生活也充滿陽光，就要盡可能幫助他人，多伸出援助的雙手。有句話說得好，「贈人玫瑰，手留餘香」，助人為幸福之本。

03.
建立正確的消費觀：錢不是萬能的，消費需謹慎

▍高老師的幸福解析 ▍

對剛進入職場，阮囊羞澀的年輕人來說，好像金錢就是幸福。這一點是我在為諸多年輕學員培訓中，總結出來的。

在課堂上，我問大家：「你幸福嗎？」大多數年輕學員的回答都是：「現在薪資低，錢不夠花，怎麼會幸福？」

所以，本節我想說的是「消費觀」，而不是「花錢」。

在具體講解這個內容前，我想先問大家一個問題：「你的消費方式如何？」

根據我在課堂上的調查，發現剛步入職場的年輕人，收入分布大概在 28,000 ～ 35,000 之間，且大部分都是「月光族」，有的甚至還需要父母補貼。有人覺得自己花錢太大手大腳了，非常羨慕那些能存錢的朋友。

在寫本節內容時，我特意翻閱網路的相關文章，發現現在寫給年輕人「如何理財消費」的文章非常多，但 90% 都是教大家如何省錢。但我認為，年輕人「學會合理的花錢」最重要。省錢不僅會讓他們喪失幸福感，且會太壓抑年輕人該有的欲望。

這個觀點並非譁眾取寵，它是有一定道理的。

對年輕人來說，省錢理財沒什麼意義。如果我們已經工作一段時間，職位和待遇都不錯，每個月收入穩定，那我們就要學會如何

省錢了。這是什麼原因呢？

一是我們的收入為理財提供豐厚的資本。年收破百萬的確該學如何理財，因為除去日常生活開支，剩下的錢，為理財提供了充裕的資本。

二是承擔的責任變多了。在這個階段，我們已經有家庭、為人父母了。養家活口的擔子壓在自己身上，因此，再也不能拿收入為所欲為了，而是要先考量家庭的日常開支。

三是收入提高的空間不大。在職場上打滾這麼多年，猜想職位和收入都已經穩定了。也就是說，短期內，收入並不會有變化了。既然不能開源，那就要開始節流了。

但是，對那些剛步入職場的年輕人來說，以上這幾種情況，基本上不存在。

一是年輕人的工作經驗不多，收入不會太高，理財沒有意義。比如，我們每個月的薪水，扣掉房租、伙食、交通、電話費還有雜七雜八的費用，猜想只剩 5,000 左右了。這 5,000 塊錢，拿去投資，收益成長的速度，還趕不上通貨膨脹的速度；去買賣股票，若沒有強大的內心，萬一賠個精光呢？想要理財，首先要有財，年輕人現在還沒有什麼積蓄，可以不用考慮這個問題。

二是現在的年輕人，大部分都還沒有結婚，父母身體也都健朗，依然在工作。所以基本上是「一人吃飽、全家不餓」，沒有那麼大的經濟壓力。

三是「年輕」就是本錢，年輕無極限，年輕人的未來是什麼樣子，誰都不敢下定論。尤其是收入，具有很大的上漲空間。與其現在整天煩惱賺錢，還不如多花時間想想怎麼提高自己的收入。

所以，我想告訴年輕人的是 —— 錢不是省出來的，而是賺回來的！

高老師的幸福之道

年輕人一定要學會花錢，捨得花錢！每個月的薪資，盡量都花完，不要想著存錢！

看到這裡，你是不是被嚇到了？沒關係，慢慢往下看。你可能覺得，花錢誰不會啊？還要妳教？你錯了，花錢是有訣竅的，花錢的方法不同，造成的結果也不同。這本書目的是教大家幸福，所以，我教年輕人「花錢」，也是為了達到這個目的。

但我說的「花錢」，並非毫無節制的亂花，我教年輕人「花錢」，是有方法的。

▶ 1. 保障自己的基本生活

年輕人的基本保障大概有兩點：第一，要有應急資金；第二，要保障身體健康生命安全。

應急資金一兩萬就夠了，天有不測風雲，人總有碰到突發事件的時候。如果那時我們一點存款都沒有，恐怕就「遇上麻煩事了」。這筆應急資金，最好是現金，如果怕不安全，那就存進銀行，以保障自己可以隨領隨用。

第二方面，除了公司統一購買的保險外，也要為自己購買意外傷害保險，這些保險的意義是，如果我們某天遇到意外，起碼有基本的保障。

▶ **2. 花錢之前要盡到自己的責任**

在思考如何花錢之前，要先遵守兩個原則：第一，工作後就別向家裡要錢了；第二，如果父母生活拮据，自己要多接濟父母。

年輕人的收入，最好花在這三個方面：增加能力，提高生活品質和結交朋友。

第一，也是最重要的，要增加自己的能力，讓自己由內而外提升。前面也說到，因為我們還年輕，所以這個階段，我們要考量的是如何提高收入，而想要提高收入，就要先提升自己。

儘管我們在大學學到不少知識，但在職場中，這些知識並不足以支撐我們在工作上遊刃有餘。活到老，學到老，進入社會，沒有老師的監督，自己是否還能提升，直接關係到自己的前途。

對於學習，我們不僅要付出時間和精力，甚至還要付出金錢，因為天下沒有白用的資源。比如英文班、會計班、管理學習數據、公務員考試補習班……等，甚至加入某些協會、社群也是要花錢的。

對年輕人來說，與其花錢去買收益不高的理財產品，不如把錢拿來投資自己。因此，寧可在其他方面節省一些，也要在提升能力上面大方。每個月的收入，希望你能拿出一半來投資自己的學習。

第二，要提高生活品質。女生基本上愛買化妝品，男生對電子產品情有獨鍾，但是一旦買到手，心裡就有深深的內疚，覺得自己亂花錢了。其實，大可不必這樣，如果購買的東西是在自己的承受範圍內，又能讓自己感到幸福，何樂而不為呢？

我為什麼會這麼說？因為青春一去不復返，你正處於生命中最美好的階段，理應好好享受生活。這個時候，我們沒有巨大的生活

壓力，不用為了孩子的奶粉錢東奔西走，沒有雞毛蒜皮的小事來牽絆，為什麼不能好好享受青春的美好呢？

當過了這個階段，你會發現，周圍的一切都變了。當生活壓力越來越大，工作越來越繁忙，有越來越多的事情等著自己去處理，你會發現，沒體力打遊戲，沒時間做美食，沒空上健身房……那些年我們想去的地方，已經走不動了。

所以，「等我有錢了再出去玩吧！」這種想法就可以改變了。每個人都只有一次人生，能夠體驗這個世界的美好，就是上帝的恩賜。在最美好的年華，我們就是要享受生活。青春如白駒過隙、轉瞬即逝，我們更要珍惜。

想看演唱會，那就去！想出國，那就去！想買單眼相機，那就買！想談戀愛，就大膽表白！看上一件美美的衣服，就趕緊下單！別再猶豫了。

「如果一件東西你因為貴而沒買，那你一定會後悔，因為錢可以再賺，但心儀的東西錯過了，就是永遠。」如果做什麼事情我們都瞻前顧後，豈不是很浪費時間！所以，現在有什麼想做的事情，一個字：「去！」

最後，要多交朋友。

我說的朋友不是狐朋狗友，而是志同道合，能夠影響你的朋友。這些人的經歷、價值觀、品味，能幫助你成為更好的人。

這個世界上，沒有人是一座孤島，大家都會相互依靠。結交價值觀相近、品性優良的朋友，有助於得到提升，成長為優秀的人。而且，在你遇到困難的時候，這些朋友會雪中送炭，助你一臂之力，幫你走出困境。

所以，年輕人一定不要當宅男、宅女，要勇敢的走出去，發現身邊的美好。在不影響正常生活的前提下，多接觸外面的世界，多交朋友，自己的眼界也會更開闊。

和朋友在一起時，盡量大方一點，多買單，看似自己吃虧了，其實能給大家留下非常好的印象。久而久之，你的社交圈會越來越大，朋友也會越來越多。

按照上面說的，把每個月的薪資合理花在這幾件事上，過些時間，你一定會發現自己的生活變得多姿多采。

你不會因為亂花錢而有負罪感，因為你雖然花了錢，但也收穫了不少對自己有益的東西，所以你花得很幸福。你會發現你變強大了、靈魂升級了，這樣的你，怎麼會不優秀？一直最求知的你，怎麼會沒有收穫？

最終，你還獲得一群有趣的朋友。經常跟朋友一起聚會、交流，不但生活充實快樂，而且這種個互幫互助，共度難關的感覺，真的很好，因為愛自己的和自己愛的人，都在身邊。

▶3. 兩個注意事項

最後，我還要提醒年輕人注意兩個事項，以防一些沒有自我控制力的朋友，拿我的話當「亂花錢」的藉口。

首先，花錢一定要計劃。消費能夠極大地滿足我們的虛榮心，帶給我們滿足感，也有很多人沉淪金錢無法自拔，被金錢控制。我們要懂得適可而止，消費時要量力而為，切莫逞一時快，做金錢的奴隸。

　　其次，不論何時，花錢都要量力而為。花錢去看演唱會並沒有錯，但若你為了看演唱會，連下個月的房租都付不出來，那就不行了。因為這個消費已經超出你的承受能力。

　　我們在進行消費前，一定要衡量這件事情是否值得花錢、是否需要花錢，而不能單純的為了花錢而花錢。除此之外，還要把收入進行合理的分配，而且不要隨便改變這種分配。

04.
與富人同行：再窮也要與成功者站在一起

【情景再現】

在我的學員中，有一位做 IT 的 CEO，他擁有讓人羨慕的財富。在一次企業家的培訓課中，我請他向大家分享「財富的祕訣是什麼？」他的回答是：「再窮也要與富人站在一起。」接著，他向大家分享了他的財富之路。

從一開始，他就與在 IT 方面有某種天分的人為伍，開始了自己的創業道路。後來，他成功地與當時已經是 IT 巨人的 IBM 成為合作夥伴。而後，隨著公司的進一步發展，他聘請無數優秀的人為自己工作。

從創業、發展到追求更多的財富與成功，他從未停止與富人、優秀的人為伍。即使在他還名不見經傳、完全算不上有錢人的時候，他也努力與 IBM 這樣的有錢人在一起。

高老師的幸福解析

對於他的做法，我給出的結論是 —— 獲得財富的方法，深深展現了幸福之道的智慧。

人與人在交往中，往往會互相影響。對於這一點，很多著名的心理學家也指出，人有一種模仿他人的本能。也就是說，在交往過程中，人總會不自覺的學習他人的價值觀、品格、行事方式⋯⋯

等，如果模仿對象是優秀的、有利於創造財富的，那麼我們便能在潛移默化中，擁有對方的這些能力。因此，如果我們想成為富人，就要想辦法與富人站在一起。

對於這一點，不光是我的「幸福之道」的理念，著名的財富專家羅伯特·清崎（Robert Toru Kiyosaki）也曾經說過：「你想要創造多少財富，就要接近擁有那些財富的人。」和什麼樣的人接觸，我們就有可能成為什麼樣的人，正可謂「近朱者赤，近墨者黑」。

此外，在追求財富的道路上，「馬太效應（Matthew effect）」的存在，也是我們必須與富人站在一起的原因之一。

所謂「馬太效應」，是諾貝爾經濟學獎得主之一的羅伯特·莫頓（Robert King Merton）於 1968 年提出的，他用此來概括一種社會心理現象：與那些名不見經傳的研究者比起來，即使做出相同的成就，榮譽也會比較青睞於那些聲名顯赫的科學家。即強者更強，而弱者更弱。

其實，馬太效應具有普遍性。在追求財富的道路上，富人有資本，資本越多，賺錢越快；窮人沒有資本，缺少賺錢的機會。富人有錢，能夠享受到更好的教育和發展機會；由於經濟原因，窮人對知識技能的掌握會受到一定的局限；富人有配置財產的經驗，其資產配置的效率肯定比窮人高……總的來說，與窮人相比，富人在物質上、心理上有諸多優勢，因此他們比窮人更容易創造財富。

面對「富者越富，窮者越窮」這個現實，一窮二白的我們想獲得財富，就一定要與富人為伍，這樣才有可能與之共享各種資源，成就自己的財富人生。

高老師的幸福之道

我們要怎樣才能與富人站在一起呢？畢竟富人更願意與更富有或與自己同等富有的人站在一起。關於這一點，不妨借鑑那些我培訓的學員中，用這個方法創造財富者的經驗。

▶ 1. 想方設法到富有者身邊工作

首先，我們要看在自己目前從事的行業中，誰是頂尖人物？誰已經實現他的目標？我們要想方設法地到他身邊去為他工作。

在為富有者工作的過程中，我們能夠學到富有者的「祕訣」。為富有者工作一年，往往能學到比幫一般人工作兩三年還要多的東西，其中包括經濟、知識、能力、人際關係……等。

在本節開頭說到的那位學員，就曾為當時一位著名的企業家工作過。在那段時間內，他透過這位企業家，有幸認識近 50 位各行各業的知名成功人士，從這些成功人士身上，他學到很多獲得財富的方法和技巧。試問，如果不是為這位企業家工作，他有可能這麼快就認識這些人嗎？

▶ 2. 與富有者合作

在為富有者工作的過程中，我們累積了大量的經驗和實力，但是羽翼卻不夠豐滿，還沒有辦法獨立。於是，與富有者合作就是上選之策了。

與富有者合作時，我們需要把目光放長遠些，不以眼前的短暫利益為首要考量，要先思索富有者的成功經驗、無形資產、影響力以及長遠的效益。

▶ 3. 找富有者幫你工作

　　想找富有者幫你工作，需要一雙伯樂的眼睛。如果我們被眾多富有者的力量推著前進，又怎麼可能不快速成長呢？就像很多公司都樂於花巨資聘請優秀的專業經理人一樣，在追求財富的道路上，盡量與富人站在一起，是「讓他人的優秀品質激發自我積極品質」的策略，是一種借勢策略，是一種積極的智慧展現。

　　許多向我諮商如何獲得財富的學員們，都是透過以上三種方式獲得財富的。由此可見，與富人站在一起，是一種行而有效的財富獲得法，很值得我們實踐。

05.
理財的必要性：博士學位也需謀生

在我向學員們進行「財丁兩旺」的培訓時，經常會有學員問我這種問題：

「為什麼我與他在同一間公司上班，我們的薪資也差不多，可是他卻能擁有一筆資產，而我卻還是『月光族』？」

對於這個問題，我的回答是：「導致這種財富差距的最大原因，就是沒有養成理財的習慣。」

這個財富的幸福之道，並不是我發明的。對此，美國理財專家有一句膾炙人口的名言：「不能養成良好的理財習慣，即使擁有博士學位，也難以擺脫貧窮。」

雖然我知道對大多數人來說，理財並非一件容易的事。很多人並不是沒有理財觀念，而是認為自己「沒財可理」。

對此，我想說的是，理財是一個循序漸進的過程，也許這個過程會有些痛苦，但卻能讓你「有錢一輩子」。

當我還只是製藥公司的培訓師時，我的收入跟大多數人一樣，並不高，僅能維持基本生活。但那時的我，已經懂財富的累積對未來的我是多麼重要。於是，我試著把自己微薄的薪資，每個月拿出一點，存在銀行裡。

三年後，當我從製藥公司辭職，開始當企業諮商師、培訓師和

心靈教練的事業時，我已經有了我人生的第一桶金。雖然這筆錢並不是特別多，但卻足以支撐我開啟我的培訓事業。

所以，我想對那些天天省吃儉用、日日勤奮工作，但收入並不是很高的年輕人說：「理財並不是花大錢投資，而是循序漸進的培養『賺錢、存錢、省錢、錢滾錢』的習慣。」

羅馬不是一天建成的，財富也一樣。對於財富的簡易獲得法，我最重要的一個幸福之道，就是「理財」。只有培養理財的習慣，才能一輩子高枕無憂。要不然，即使擁有博士學位，也難以擺脫貧窮。

關於如何理財，我結合自己的方法，給予讀者以下四個建議：

▶ 1. 提高工作收入，每月固定拿出一筆錢存進銀行

對多數人來說，我們都是普通的上班族，很難有「意外之財」。所以，我們要把提高收入視為理財的首要目標。

關於如何提高收入的方法有很多，比如學習、擁有和諧的人際關係、與上司保持良好的溝通……等，這需要我們自己想辦法獲取。當收入提高後，我們可以每月固定拿一筆錢存進銀行，這筆錢是我們無論如何也不能拿出來使用的。

相信過個 3 年、5 年，大家會像我一樣，擁有可供投資的第一桶金。

▶ 2. 永遠要記住：定期存錢比投資更重要

無論從事什麼樣的工作、收入如何，定期存錢都是理財的第一選擇。定期存錢一定要隨著收入的增加而增加。

▶3. 利用記帳省錢

除了提高收入、定期存錢,接下來我們要做的,就是省錢。而省錢最好的方法,就是「記帳」。記帳能讓我們找出自己亂花錢的地方,在接下來的生活中,保持理性消費。

我在理財時,每天都會記下所有的花費;每個月進行總結時,我會看錢到底花在哪裡。一旦超過預期,我就會在接下來的日子裡控制花費。

▶4. 錢滾錢,設定五年計畫

當我們透過以上三個方法獲得一筆財富後,接下來我們要做的就是「投資」,讓錢生錢。雖然很多理財書籍都在鼓吹「理財越早越好」,但我卻認為,如果我們沒有好的理財觀念、方法和做好投資失敗的心理準備,我們還是盡量不要進行投資。因為這會讓我們的幸福感降低。

對於年輕人的第一桶金,我的建議是:保留財富的 80%,用 20% 去投資。這樣即使投資失敗,也不會讓我們幾年的心血白費。

第 10 章
相處的藝術
——提升幸福感的人際交往

　　我們生活在一個社會群體裡，必然要和各式各樣的人打交道，如何在人際關係這看似簡單、實則複雜的交往中遊刃有餘，一直是我研究幸福之道重要的課題。畢竟人際關係的好與壞，優與劣，不僅是生活的需求，也是決定工作成效的重要依據。幸福的人有很好的人際關係，反過來，糟糕的人際關係會讓人更不幸福。本節，我就來介紹一些提升人際關係的方法，讓你懂得相處的藝術，讓人際關係提升你的幸福感。

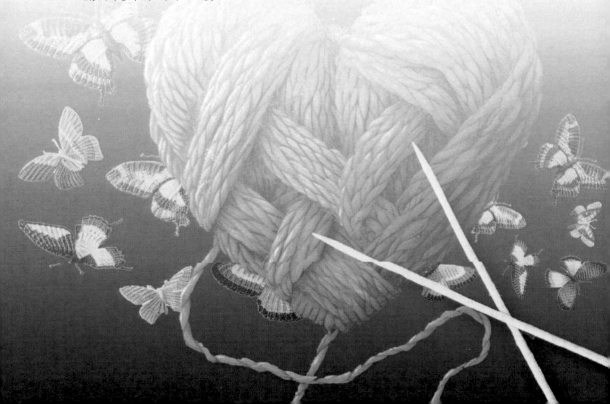

01.
受人尊敬的祕訣：謙遜是贏得尊重的關鍵

【情景再現】

　　身為一個傳授幸福之道、教人自我維護的老師，我不敢說我是一個成功的人，但我一定是靠著虛心好學，一點一滴累積文化底蘊，才成為學員們喜愛的老師。

　　在我研究幸福之道的過程中，除了虛心向同行學習，聽取同行的意見外，還認真採納廣大觀眾的意見。

　　記得有一次，我為某家公司做培訓，當時的氛圍很好，教室內喝采聲不斷。但我聽到從教室的角落裡傳來一個聲音：「不好！不好！」我尋聲望去，是一位年輕學員。

　　下課後，我特意邀請這位學員到辦公室，端茶泡水、待如上賓。我恭敬地向他請教：「我注意到你說我不好，我想聽聽你的見解，你能告訴我哪裡講得不好嗎？」這位學員見我如此誠懇，便認真指出：「老師說的幸福之道觀點和路徑很正確，但沒有實際性。道理我們都懂，但我們想知道該怎麼做，您應該告訴我們解決的方法，讓我們知道如何才能幸福。」

　　這位學員的話，讓我頓時恍然大悟，我的確忽略了這個關鍵的問題，我再三向他表示感謝。以後每次講課時，在告訴學員幸福的理念後，必然會把如何解決的方法也一一為學員講解。

高老師的幸福解析

忠言逆耳利於行，我謙遜的面對這個不同的聲音，促使我的「幸福之道」造詣更進了一步，也使我自己的德行，得到學員們的敬重。

所以，我想說的是：無論做人還是做事，都必須懂得謙虛低調。這種力量和智慧，使人們變得平和、坦蕩、自信，從而獲得良好的人際關係。

現今資訊量大爆炸，知識更新週期越來越短，學科分支越來越細，三天不學習，就覺得已經落伍了。所以，我們不能憑藉一點學術資本或一點技術底子就剛愎自用、自以為是，強中自有強中手，在人生的道路上，記得帶上謙遜而行。

為了讓學員們獲得人際關係的幸福之道，我經常在課堂上向大家分享歐巴馬（Barack Obama）的故事：

2008 年美國總統大選，民主黨代表歐巴馬和共和黨代表馬侃（John McCain）展開針鋒的激烈爭奪，歐巴馬和馬侃兩人多次被推到政治的風口上。

這種競選，其實就是要兩位候選人互相找出對方不適合當選的地方。兩人的爭辯一度如火如荼，難分勝負。共和黨為了打敗歐巴馬，四處挖掘歐巴馬以往的不良行為，以此來打敗他。

然而，歐巴馬生活中謙虛、謹慎，工作上稱職、盡責，人們對他愛戴有加，許多社會菁英都是他的忠實支持者，實在找不到可以站出來指責歐巴馬的人。

最後，他們終於找到了歐巴馬的一個把柄，那就是歐巴馬曾經

有過一次違規停車的紀錄。共和黨拿這件事大做文章，指責歐巴馬沒有做到基本的奉公守法，無法勝任國家總統。

然而，有一個人站出來為歐巴馬說話，他就是諾貝爾獎得主貝克教授（Becker）。他反駁那些人道：「有時候，人們犯規、甚至犯法，並不是因為當事人是個壞蛋，那完全是理性選擇的結果。」

貝克教授告訴媒體事情的經過。那天，歐巴馬要去主持一個會議，但在路上遇到交通堵塞，眼看就要遲到了，歐巴馬心急如焚。車子終於駛入停車場，歐巴馬鬆了一口氣，可是，正當歐巴馬想把車停到停車位上時，另一輛車也正想停進去。

一個老翁從那輛車上探出頭來，說要把車位讓出，不想耽誤歐巴馬的工作。但歐巴馬沒有接受，他說「我沒有什麼重要的事情，還是您先吧！」為了開會不遲到，歐巴馬不得已把車停在外面，最後他也為此繳了罰款。

最後，貝克教授對眾人說：「故事中的那個老翁，就是我。」

正因為歐巴馬為人謙虛，他才贏得貝克教授的尊重。反之，如果他當初自以為是，理所當然認為別人都應當謙讓自己，那麼，這件事情也就不可能得到貝克教授的支持了。

我個人非常喜歡歐巴馬，不為別的，就為他的謙遜。

一個人際關係良好的人，從來都不是喜歡自我吹噓、自我炫耀的人。是金子，總會發亮，我們的亮點不用多說，別人也會看到。如果我們一味自我吹噓，只會讓人感到華而不實。相反，如果我們能夠真誠地向別人求教，別人被我們的謙虛態度感動，反而會更加敬重我們。

高老師的幸福之道

對於謙遜，並不是說我們要對自己的才華嚴密隱藏。過度的謙虛是在欺騙自己，也是在欺騙別人，更是對自己錯誤的定位。所以，過度的謙虛，並不是一種可取的美德。

那麼，我們如何表現得謙遜得體，獲得良好的人際關係呢？我總結歸納出以下三個要點：

▶1. 對上司和領導者，謙卑有禮、委婉有術

任何領導者，都希望自己在下屬面前威風凜凜。因此，下屬一定要懂得照顧上司的自尊和威嚴，不可與上司發生語言衝突，更不得在眾人面前公然與上司爭辯，讓上司下不了臺。即使自己的意見與上司相左，也要委婉、謙虛提出。

只有這樣，領導者才會認可我們，接受我們。

與上司相處要懂得謙卑，並不是說要裝出一副唯唯諾諾、愚鈍的樣子，而是說與上司相處的方式，需要更加謙虛、溫和，以領導者喜歡的方式，讓他們接受我們的意見。

▶2. 求人辦事，請記得帶著謙虛、誠懇和真誠

每個人都不是蓋世英雄，不是我們求別人，就是別人求我們。當我們有求於別人時，要懂得放下架子。求助他人是因為自己不足，所以要記得謙虛；求助他人，是需要他人為我們辦事，所以更要記得帶著誠懇和真誠。

唯有這樣，即使我們給出的條件不是那麼豐厚，別人也會被真誠和謙虛感動，主動向我們提供幫助。

▶ **3. 對競爭對手，三分謙虛，七分和氣**

　　現在的社會，每時每刻都充滿競爭，我們會面對各種對手。不要總想著打敗對方，要懂得謙虛做人的道理，不要自以為是，處處與競爭對手較勁，我們的好鬥可能會挑起對方的「好戰欲」，稍不留心，可能就會踏入對方挖的「陷阱」。

　　如果我們能夠謙虛、得體對待競爭對手，懂得韜光養晦，那麼，對方就會減少對我們的防範和掣肘，我們才更能好好保護自己，等到自己壯大時，就可以一舉戰勝對手。

02.
時間的投資：與人深交需時間和心力

【情景再現】

　　大學畢業，進入職場後，我聽到最多的一句話，就是：「沒辦法，我沒時間，身不由己。」

　　的確，如今的生活，讓我們被動承受，被動選擇，生活中有那麼多角色定位，而每天僅有 24 小時。表面看起來，我們的時間，似乎從來不只屬於我們自己。

　　話雖如此，但這並不意味著我們對時間無能為力。

　　如果沒有特別安排，我一天的時間表基本是這樣的：

　　6：00 ～ 6：30 起床盥洗。

　　6：30 ～ 7：30 學習並準備一天的行程。

　　7：30 ～ 8：00 吃早餐，去公司，路上備課，閱讀工作郵件。

　　8：00 ～ 12：00 為學員培訓或接受企業、個人諮商。

　　12：00 ～ 13：30 約同事、朋友吃飯交流。

　　13：30 ～ 13：45 午休小憩。

　　14：00 ～ 22：00 培訓、講座（如果課程結束早，則安排20：00 ～ 22：00 健身。晚餐少吃，如果有朋友邀約，就用 1 小時晚餐時間聚會）。

　　22：00 ～ 22：30 總結一天的工作，準備第二天課程，處理工作郵件。

這是我在沒有其他工作干擾的理想狀態。

幾年這樣的行程下來，很多朋友看到年輕人在公司過勞死的新聞，就會傳連結過來，還語重心長的說：「又一個像妳一樣的機器人倒了，妳可得注意身體啊！」

隨著我的幸福之道被學員了解，很多企業機構邀請我去舉辦講座和培訓課程。有一次為某大企業培訓結束後，幾個年長的前輩圍住我，其中一位像上司的人說：「高老師，妳是不是單身還沒結婚，一個人在這裡打拚啊？」我回答說：「我有家庭和女兒。」心想，這跟時間管理有什麼關係？

「那妳天天如此充實，妳又如何與妳的家人、女兒溝通感情？」他跟那幾個同事說完後，又轉身對我說，「妳說的那些時間管理、規劃和記錄方法都適合單身的人。我們這種有家庭、上有老、下有小的人，沒辦法規劃啊！如果今天孩子學校出了事，明天老婆工作不順鬧脾氣，後天老人生病得陪伴，那行程就都泡湯了。妳還是太年輕了。」

他表現出一副「早已看穿一切」的過來人風範，和幾個同事匆匆離去，沒給我解釋的機會。

高老師的幸福解析＋幸福之道

當時我想對他說的話是：「按照這個邏輯去想，那婚姻不僅僅是愛情的墳墓，還是事業的墳墓了？」這種思維也不是真正優秀的人，在面對這些情況時，所應有的反應。

但是，從另一個角度來說，這些生活中最常見、最磨人的問題，很多人都會遇到 —— 當你的時間並不完全屬於自己的時候，該怎麼辦？

　　專注於自己的世界和關注身邊人的需求，似乎是個悖論，沒有人的時間真的完全屬於自己，就算是孤兒，生活中也會有朋友、同事，有各種社會關係的連結，我們無法想像一個人和這世界全無關係。

　　幾年前，剛開始傳授幸福之道時，我的家人也出現過不理解的情況。我反思，自己的問題出在哪裡？會不會因為過度的時間管理，導致與他人，尤其是和家人的溝通及社交出了問題？同樣，一個人不會因為過度的時間管理而顯得像機器人，更不會因此沒朋友。出狀況的原因是不了解全部，片面執行一、兩個規則。

　　人際關係的疏離，大多源於 3 個原因：

◆ 一是規劃時，沒考量到自己角色目標的多重性，沒為不同角色安排目標，生活顯得過度單一。

◆ 二是執行時，沒學會接受不確定性，對時間過度關注，而非關注事情的效果，沒有結果導向。

◆ 三是沒把美好的瞬間與他人分享，把自己和世界隔離了。

　　對於這三個原則，我制定出以下 3 個解決方案：

▶ 1. 規劃時衡量多重目標角色

　　用角色目標法，先分清楚自己扮演的所有角色。

　　從小到大的教育體系，老師告訴我們，好好讀書就行，別的什麼都不用管；家長告訴我們，考上好大學就行，別的什麼都不用管。這種單一的價值觀，讓人在忙碌時，像激發鬥志的公牛，眼前只有那面紅旗子，覺得自己只要做好一件事，其他事都能迎刃而解。

　　的確需要在某個領域有明確的目標，但這並不等於生命中所有事只為這個單一目標服務。如果在執行目標時，忽略生活裡需要扮演的不同角色，被人說是「過度管理」再正常不過了。

　　為自己畫個雷達圖，看是否全面達成各維度任務。把幾個重要目標，如進修（學習一項新技能、通過某個考試）、工作（完成銷售業績、升遷）、愛情（陪伴侶去做哪些事）、親情（和家人去海外旅行，幫父母換房子）等，畫在雷達圖的五個角，當時間覆蓋的某個區域過於狹窄時，證明制定目標時太單一了，要做調整。

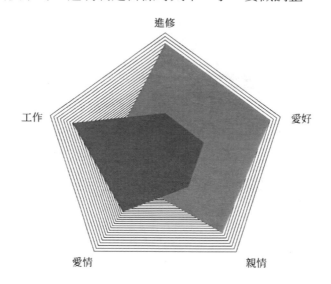

▶ 2. 執行時給予身邊人溫暖回應

　　定好多元化目標後，在執行期間，要保證屬於親人和朋友的時間。即使眼前有一項重要且緊急的工作，親人有需要，也要盡量溝通，別給他們臉色看，用一句「我在忙，沒空陪你」來打發。

　　我女兒上幼稚園後，她曾經對我訴苦：「哪有妳這樣當媽媽的，

我們都住在同一個家裡，我卻常常好幾天見不到妳。」那一陣子，她連續 3 次要我跟她一起吃晚餐，剛好是我最忙的時候，不能陪她，女兒心裡委屈是難免的。在她說了 4 次之後，我才後知後覺，改變了自己的時間行程，留時間給她。

這讓我感受到，不是所有人都和自己一樣熱衷於時間管理，在被他人需要時，要給予溫暖的回應。這一點，我認識的人中，做得最好的，是我的一位朋友。

在日復一日繁忙、緊繃的行程下，不斷有人來找他幫忙，他依然和藹可親，就算婉拒，也會讓對方心服口服。他會告訴對方：「我現在實在沒時間，但這件事我會盡力處理，你去找某部門的某同事，他會在多少個工作日內回饋給你。」

去年朋友帶他兒子來參加講座，期間我們一起吃飯，他一方面安撫孩子情緒，說：「別急啊！稍後的行程，我帶你去故宮，那裡風景好，我也會擠出時間陪你。」

無論我們多忙，都要真誠地向家人、朋友說清楚。可以把自己的工作行程提前發給親近的人，像公司同事發彼此的工作表，把各自的空檔時間標明。家人和朋友會提前知道你有安排的時間，即使他們需要你，也能體諒。任何事都可以提前商量，如果資訊不透明，把所有情緒堆積到最後一刻才處理，容易影響到情緒。

▶ 3. 記錄美好瞬間，增加共同回憶

用各種形式記錄和分享與親朋好友在一起的時光，即使你很忙，無法抽出太多時間陪伴他們，有這些回憶也會很開心。

下次對方再生氣說「你只顧著工作不陪我，也不管家人」時，

你就把那些美好的記憶拿出來，那些照片和紀念品，記錄了某年某月你們在某處共同度過的難忘時光。回顧時，用分享的語氣，不是自大的說「我對你多好，帶你去過那麼多地方，買了那麼貴的東西」，要誠懇，「不是不想陪你，上次去某某地方不是玩得很開心嗎？我也會在某天繼續陪你，希望你能夠理解。」

最後，我想再給大家兩個短時間內有效率的溝通情感小建議：

▶建議 1：讓對方也充實起來

當身邊重要的人真的覺得我們的時間表太緊湊時，要讓對方也一樣充實。比如一對感情很好的情侶，各自的工作都很忙，趁出差時抽出時間見個面，一起聽音樂會，一起吃飯，這樣的相處模式沒問題。如果一方很忙，天天加班，另一方閒得發慌，則容易有怨言。

之前女兒曾經怪我都不回家陪她，我很內疚。前幾年幫她報了一個營隊，讓她去上課、學習，自從有了充實的生活，女兒越來越理解我了。

▶建議 2：記錄對方的喜好

交流時，記錄那些讓人心動的瞬間，記錄對方的喜好。聊天時認真傾聽，了解他們特別在乎的某件事、某個東西，試著把那個東西送給對方，不一定要很貴，但他們會知道我們的心意。

我最喜歡的一件禮物，是女兒在我生日時，為我畫的一幅畫，雖然畫風很稚嫩，但那是女兒的心意，又是親手做的禮物，我非常喜歡。畫面是我個人最喜歡的一張照片 —— 幸福的一家人 —— 收到這個禮物時，我的眼淚都流了出來，我最想擁有的，就是一個溫暖、幸福的家！

03.
社群媒體的陷阱：不要被虛擬世界綁架

最近不管遇到誰，聊天時都會說到社群媒體。

一天，朋友問我：「妳還在用臉書嗎？我刪了。」我不明所以的問她：「為什麼啊？我用的滿好的啊！」

朋友很無奈的跟我說：「現在臉書的訊息實在是太亂了，我突然有種被朋友綁架的感覺。一不做二不休，我就刪除了。」

朋友說的有道理，不知道從什麼時候開始，社群媒體變成了讓大家又愛又恨的東西？

不過，我也抱有不同的想法。我認為，社群媒體是一種資源，是我們可以檢視朋友資訊的地方，怎麼會變成一種累贅呢？或許，大家討厭的並不是社群媒體本身，而是裡面那些無聊的事情。

其實，我是不反對在社群媒體發自拍照的。首先，一般自拍照片都經過精心處理，畫面都很養眼，其次，願意發自拍照的人，通常性格都很開朗、陽光、容易相處。我還滿喜歡這種人的。

我有個朋友就很喜歡發自拍照，現實生活中，她是一個很可愛的女孩，心思單純。她發自拍照的想法很簡單，就是因為「這張照片很好看，我想分享出去。」這種單純、沒心機的朋友，值得交。

我還有個朋友，她對自己的外貌十分沒自信，甚至懷疑自己有社交恐懼症，她沒辦法發自內心、真正接納自己。後來，她出去旅

行，第一次在社群媒體發自拍照，這件事對我們來說，再平常不過了，但對她來說，是一次莫大的挑戰。我們都為她感到高興，這是多麼大的進步啊！有些進步未必要多麼驚天動地，我們曾經不敢做的事情，現在勇敢去做，就是成長。

不知道你有沒有想過，我們可以透過社群媒體提升自己，現在我想和大家分享這些經驗。

第一，社群媒體裡的朋友一定是形形色色的，有的是親戚，有的是同學，有的是同事，還有的是出去玩時認識的朋友。我們可以把這些人分組，這樣做有很多好處。首先，可以確保資訊的準確度，免得出現傳錯訊息的尷尬局面；其次，也不至於時間一久，就忘了對方是怎麼結交到的。

第二，我們需要不斷結交新朋友。人的一生會遇到很多人，有假朋友，也有真朋友，就算曾經關係再好的同學，大學畢業後，聯絡少了，感情自然就淡了，這種現象非常正常。生命中一定會出現不少這樣的「過客」，隨著我們的成長，我們會認識更多志同道合的朋友，這些人才是朋友群中的主力。

現在，我社群裡的朋友群，分布大概是這樣的：百分之四十是同學、親戚、同事、朋友等；百分之三十是學員、粉絲；還有百分之三十，就是透過一些社交活動認識的「大人物」了。

我的社群裡還有許多讓我十分敬佩的老師，他們每天都很忙碌，基本上不怎麼發文，但是抽空進去看看，總會發現他們努力的痕跡。比方說，今天去參加某個頒獎典禮；明天約了學員談事情⋯⋯等。看到他們的社群內容，就會激發我的鬥志，每當我想放棄、鬆懈的時候，想想他們比我成功，還比我努力，我就會瞬間復活，全

身心投入到工作中。

　　如果你問我，這些年培訓職涯中，最大的收穫是什麼？其中最重要的一點，就是我經由培訓，認識了這些出色的人。我們想成為什麼樣的人，就要去結交什麼樣的朋友。

　　第三，我想告訴大家，與其後來花時間清理社群好友通訊錄，不如當初在新增朋友時就謹慎為之。我在培訓的過程中，一定會認識很多學員，但這不代表我一定要新增他們為好友。我認為，成為社群好友的必要條件，就是日後還有下文，不然還有什麼意義呢？

　　我不會主動要求學員加我的私人臉書，我有一個粉絲專頁，他們有問題就會在上面問我，除非遇到特別投緣的學員，以後會繼續聯絡，我才會加他們的私人臉書。

　　總之，任何事情都沒有那麼絕對。綁架你的，絕對不是社群媒體，千萬不要把事情弄得那麼極端。

04.
人際關係的力量：透過 6 個人認識整個世界

| 高老師的幸福解析 |

　　無論從事什麼工作，都需要建立自己的人際圈。當然，最好不要漫無邊際地建立無數個關係，這樣我們會因為應付數不清的關係而叫苦連天。我們需要先整理、後運用，就是先挑選出合適的人，然後再根據自己的需求，列出哪些人是最重要的，哪些人是比較重要的，哪些人是次要的，然後差別對待。

　　為什麼要對人脈進行選擇性的整理呢？

　　俗話說：「近朱者赤，近墨者黑。」我們跟什麼樣的人在一起，就決定了我們最終會成為什麼樣的人。因此，如果我們周圍都是吃喝玩樂、無所事事的人，那麼我們也會變成這樣的人。就算我們再優秀，時間久了，也會被周圍的「歪風邪氣」傳染，最後也會成為無所事事的人。

　　所以，我們不要整天想著要成為什麼樣的人，不妨先多交往一些優秀的人，多向他們學習。如果我們原本很平庸，但周圍都是積極向上、努力奮鬥的人，時間一久，我們也會耳濡目染，他們的一言一行，無不激勵著我們前進，遲早我們也會成為像他們一樣優秀的人。

　　因此，進行人脈整理時，要和消極的人保持距離，要盡量有意識地避開那些我們鄙視的人。同時，要多挑選優秀的、積極的、成功的人，他們的優秀，會潛移默化的影響我們，激起我們的野心和

奮鬥的決心。同時，他們會教你智慧、經驗、技術……讓我們更有效率、更成功。

診斷的方法很簡單，問自己以下幾個問題就行了，我經常就是這麼做的。

1. 在絕大多數的時間裡，我經常會選擇和什麼樣的人在一起？
2. 我所選擇的人，對我做了些什麼？他們對我的人生是否有意義？
3. 與他們的交往適合我嗎？他們提供給我的環境，是正面的還是負面的？
4. 現在的交往，對我的事業和人生目標的達成，有正面、積極的推進作用嗎？

得到答案以後，我們就會知道，現在的人脈資源是正面的還是負面的。記住，真正的人脈沒必要包括那些阻礙我們腳步的人，千萬不能欺騙自己，如果已經受負面影響所害，那麼就要更加關注自己已經成為什麼樣的人，或者說，我們正在變成什麼樣的人，進而才能「丟掉」那些支配和影響我們的負面資源。

和生活豐富的人多來往，我們學會如何享受生活；和喜愛運動的人多來往，我們學會如何愛惜身體；和事業成功的人多來往，我們學會如何在職場上披荊斬棘……三百六十行，行行都有佼佼者，人脈網中需要多累積這樣的資源，這才是人生寶貴的財富。

不知從什麼時候開始，一大群「商學院」、「EMBA」、「MBA」班湧出，高昂的學費讓普通人望而卻步，但是仍有不少企業老闆們趨之若鶩，積極的參與這些培訓班。其實，他們最重要的目的，並

不是學會商業知識，而是為了擴大人脈，結識新朋友，互相交流心得。一位企業家大大方方的說：「我來到這裡，可以和全國各地的商業菁英切磋，大家分享彼此的經歷，這是一種非常好的思想交流方式，其中的收穫，是花多少錢都買不到的。」

我曾在報導中看到一個小故事，獲益匪淺，在這裡我把它分享給大家：

柯林頓（Bill Clinton）受邀出席哈佛大學的畢業典禮，他在演講中說到：「和積極的人在一起，你不會消沉。」他接著說：「起初，我是一名學薩克斯風的音樂生，在我 17 歲那年，我遇到了甘迺迪總統（John F. Kennedy），後來我決定要當美國總統。假如我當初遇到的是貓王，也許今天我就是一個明星了。」

與比自己優秀的人在一起，並不是太困難的事情。我們不妨將居住地的成功人士詳細列出來，然後篩選那些可能會對我們的事業有所幫助的人，之後試著去結交這樣的朋友，不久後我們就會驚奇地發現，我們做事變得更有效率，人生也有所改變。

不管處於職業生涯的哪個階段，建立和整理人脈是宜早不宜遲的事。記住，我們認識誰，比我們是誰更重要，成功的捷徑之一，就是與成功者為伍。學歷、金錢、背景、機會……也許這一切我們現在還沒有，但是不要緊，只要擁有掌握這些資源的朋友就夠了，一切都會慢慢有的。加油吧！

高老師的幸福之道

人脈要先整理後運用，要多與優秀的、積極的、成功的人士在一起。

　　看到這裡，你也許會說，自己只是一個默默無聞的人，怎麼可能認識那些「大人物」。不要灰心，儘管看起來，我們與這些「大人物」之間相隔「十萬八千里」，但只要我們善於對現有的人脈進行整理，這個距離並非遙不可及。

　　地球上的所有人，從某種意義上來說，都可以透過個人的關係網連結起來。任意兩個人之間的最短距離，不超過 6 個人。

　　看到這裡，你是不是會驚呼「哇！這個世界原來這麼小。」這也就意味著，那些優秀的、積極的、成功的人士，雖然離我們很遠，但只要努力搭建「關係網」，他們其實都有可能成為我們的朋友，甚至成為我們的知己。不管他現在是在鎂光燈照耀的舞臺上，還是待在地球的某個角落裡。

　　因此，不要害怕「大人物」，不要覺得「大人物」高高在上就自卑，千萬不要妄自菲薄，其實我們跟他們的距離並不遙遠。當然，「6 個人」是科學統計上的平均數，實際上需要多少人，不是絕對的，也許是三個，也許是四個，只要我們堅持不懈、努力去尋找，把整理人脈當成一份工作認真對待，那麼「貴人」就不再遙遠了。

　　具體怎麼做，你可以參考以下方法：

▶1. 積極尋找「中間人」

　　人際關係就像一團毛線，不整理就會越來越亂。我們要時常整理手上的人脈資源，看看這些成功人士能不能相互連結。事實上，這些大人物都有自己的醫生、律師，甚至常去的餐廳、喜歡的品牌，也有宣傳、公關人員或健身教練等。我們不妨先認識他們身邊的人，時間久了，再請他們幫我們安排第一次見面。

▶2. 了解關於對方的一切數據

俗話說：「知己知彼，才能百戰百勝」，如果想結識夢寐以求的人，就要蒐集對方的數據，比如他的出生地、過去的生活經歷、現在的地位狀況、家庭成員、個人興趣愛好、性格特點、處世風格、最主要的成就、將來的發展潛力……等。總之，只要是與對方相關的數據，能蒐集到的，我們盡力去蒐集，多多益善。

有了詳細、全面的數據，一切就變得容易多了。得知一個人對自己如此用心，這是令人感動的，在日後和他交談時，這難道還無法引起他的注意嗎？

我們身邊從來不缺貴人，而是缺一雙「發現」貴人的眼睛。擦亮雙眼，去發現身邊的貴人吧！整理人脈，運用人脈，才能讓自己更優秀。

05.
人際交往的規則：保持適當的距離

　　我們常說，做人要懂得分寸。什麼叫分寸，就是要拿捏人際交往的標準。在此，我想問大家一個問題：如果你正在參加一個活動，會場一共有一排十個依次排列的座位，你進場時，第五排和第十排已經有人了，你跟他們都不認識，你會選擇哪個座位呢？你會選擇第七、第八，或者第二、第三，對嗎？因為你不會跟陌生人坐的很近，又不想離人群太遠。

　　多數人的選擇都是這樣的，否則彼此間會有尷尬的感覺，這是心理學家透過實驗所發現的一種現象。

　　為什麼會出現這種現象呢？

　　因為每個人都有自己的「舒適空間」，這是人的本能，誰都不例外。當有外人進入這個「舒適空間」，我們就會坐立不安，感到不適應，嚴重的還會發怒。當內心的平衡被打破，我們還會輕鬆自然地跟大家交流嗎？答案是否定的。

　　我朋友是某美容產品的代理，為了為自己拉來更多生意，她幾乎每天都忙於參加各種社交宴會，且都極盡所能地接近別人。只要知道哪位親朋好友有困難，她就會主動幫助對方，即使有時對方百般推辭，她仍會表現得十分熱心。

　　例如一個偶爾才往來的大學朋友，婚前意外懷孕了，她得知後比當事人還著急，不停詢問她打算怎麼辦，還主動幫對方聯絡醫院；又比如，鄰居和丈夫正在談離婚，她每天下班後，就前往對方家中勸導……

　　朋友這麼做，本是好意，但卻讓人感到不舒服，最終許多人再也不敢與她來往，有什麼事情也不敢輕易讓她知道。她的朋友越來越少，生意也沒有多大改變，還一度停滯不前。

　　我曾經多次提醒她：「就算你們關係再好，也要保持距離。」在人際交往中，很容易忽視這一點。和對方是否親近、是否友好，常常取決於雙方在一起的空間距離。距離產生美感，讓人際交往更暢快，保持一定的距離，人脈才會更廣闊，事業才會更成功。

　　如果我們是公司的領導者，無論和下屬的私人關係有多好，最好也要與他保持社交距離。不要認為距離近有助於彼此的關係，如果與下屬有過於親密的私人來往，彼此沒有距離感和空間感，就很難產生個人的權威感，那就很難有效地領導、管理了。

　　在這一方面，我非常謹慎處理這種關係。

【情景再現】

　　在我成為培訓師和心靈教練後，我有了自己的團隊。我跟團隊裡的成員一直保持良好的情感交流，但我不是盲目的「溫情脈脈」，而是有距離的。我的座右銘是 —— 保持一定的距離。在工作之餘，我很少邀請同事到家做客，偶爾接受他們的邀請。當他們找我辦事時，我用心及時處理。

我這種良好距離感的掌握，讓同事們都認為我是一個合格的領導者，所以我的威望非常高。

關於人際交往的幸福之道，我最大的理念，就是「不要以為與人交往越親密越好」，整理人脈關係網，分析誰是可以挽臂執手、促膝談心的人；誰是可以親切握手、友好交談的人，然後保持一定的距離。不論是哪一種人際關係，只要掌握好距離，拿捏好分寸，人際關係就會發展得更好。

高老師的幸福之道

那麼，如何掌握人際距離呢？

大家都知道「刺蝟效應」嗎？兩隻刺蝟由於寒冷而擁抱在一起，可各自身上都長著刺，刺得對方不舒服。於是牠們離開一段距離，但又冷得受不了，又擁抱在一起。幾經反覆，兩隻刺蝟終於找到了一個合適的距離，既獲得對方的溫暖，又不會被對方刺痛。

這才是人與人交往的真諦。我們要懂得調節距離，就像在火爐旁取暖，距離太遠還是會冷，距離太近又會被燒傷，距離很重要。距離的掌握也是有技巧的，簡單來說，我們和對方是什麼關係，就和對方保持什麼距離。

▶ 1. 親密距離

兩個人容易發生肢體接觸的距離叫「親密距離」，這個距離大約是 15 ～ 45 公分之間，能清楚看到對方的神情，甚至相互依偎，十分親密。這種距離一般適合情侶、家人、夫妻或好朋友之間的交流，只有最親近的人才不會感到不適。

▶ **2. 個人距離**

「個人距離」比「親密距離」稍微遠一點，大約是 45 公分～ 1 公尺之間，剛好能讓大家親切握手、友好交談，但又不至於太壓迫。通常熟人之間會用這種距離。任何人都可以自由進入這個空間，但是，假如一個完全陌生的人進入「個人距離」，那就十分冒犯了。

▶ **3. 社交距離**

「社交距離」就靈活多了，遠的達 3 公尺以上，近的在一公尺左右，這是社交或禮節上較正式的展現，一般聚會、工作場合使用較多，或者是用於和自己關係不大的人際交往。比如面試場合、企業與企業之間的談判……等，這種距離讓場合看起來很莊重，很嚴肅。

▶ **4. 公眾距離**

「公眾距離」就更遠了，這是人們在公共場合的正常距離。比如在公園散步、晨跑，在路上行走、等人……。正常情況下，你絕對不會在路上緊緊跟在一個陌生人後面吧？我們可以對這個空間裡的其他人視而不見，因為我們之間不會有關聯。當我們想要和別人溝通時，會下意識的縮短兩人之間的距離。

06.
幫助與本分：情分與本分的平衡

【情景再現】

一次，在課間休息的時候，一位學員雙眉緊鎖來到我身旁，向我講述她正面臨的困境 —— 她目前所在的公司，經營效益不佳，正在裁員，在此之前她從沒想過公司會倒閉。

「高老師，妳說我如果失業了，我要做什麼呢？」

「妳可以結合自己的工作經歷和專業，去尋找同行業的同類職位啊！」

「可是，高老師，我目前從事的文職工作，沒有什麼技術性，剛畢業的學生也都可以做。」

她一臉惶恐、無助的看著我，我耐心的告訴她，「如果實在沒有什麼特殊技能的話，建議妳先不要急著就業，可以先花時間充電、提高技能後，再去應徵新工作。」

她一聽，急的直搖頭，「不行，老師，我現在學不進新東西了，我大學畢業已經 5 年，現在孩子也有了，實在是沒有時間學習，再說我也不想有多大的發展，只想找個離家近的地方上班，打發時間。」

「如果是這樣的話，妳只需關注妳家附近的工作，妳又不在意薪資待遇，只要工作時間合適就行了。」

她告訴我她在家附近找了好幾份工作，不是商店店員就是銷售人員，她說自己的個性不適合做這些。

面對既不願學習，又沒有扎實職業技能、消極懶散還挑三揀四的年輕學員，我一時語塞，不知道自己該如何幫助她。

於是我打算換一個思路。

「如果妳家裡經濟條件允許的話，建議妳也可以選擇當全職太太啊！打發時間好說呀！妳可以自費參加一些社團活動，或去上興趣培訓班。」

她對我這個建議也全盤否定，她說自己不喜歡參加陌生人的活動，也不願花這筆錢。她只喜歡跟熟悉的朋友玩，但朋友們都在上班，這種沒有工作、沒有朋友的生活，她無法接受。

說到這裡，我實在想不出還有什麼辦法可以幫到她，只好向她表示抱歉。

「哎呀！沒想到失業這麼麻煩，那算了吧！等到我失業那天再說吧！」最後，她向我說道。

望著她離去的背影，和這場沒產生任何作用的幫忙。我突然覺得，如果我能整理出關於請人幫忙時的一些關鍵點，或許對大多數人會有些用處吧？

高老師的幸福之道

對於請人幫忙，我不得不說，這是一個人際交往的相處之道，所以我暫且把它放在本章來向大家講解。

生活中總會有需要請人幫忙的時候，即使我們能力再強，也會有需要他人協助的時候。所以，對於如何請人幫助，我們必需懂得一些關鍵點，這樣才能請對人，並且能夠真正幫助我們。

▶1. 找誰幫忙？

在生活中，我經常看到很多人一旦遇到困難，總是一副病急亂投醫的樣子，不是在通訊軟體裡喊叫，就是在社群媒體上發文求助，然而這種效果，就像大海撈針一樣渺茫。對於找誰幫忙，我建議大家要找到具體的人，如果可以，最好找專業人士幫忙。

前段時間，我對一個保護原創作品的相關政策有很多疑問，而亟需有人幫我答疑解惑。這時，我沒有選擇在社群媒體進行泛泛的觀點求證，而是想到了一位律師朋友。我在臉書上私訊他，表達我的疑問，並希望他在有空的時候能夠回覆我。幾天後，他給了我非常專業的意見，讓我獲益匪淺。

請人幫忙最好的方式，就是「點對點」傳送求助訊息，如果我們「點對面」散布尋求，無法確保可以幫助我們的人，會看到我們的需求。即使他看見了，也不會對訴求有所重視，只有在他收到我們發出的確定求助後，才能確保可以得到回應。

▶2. 別人憑什麼要幫你？

當我們向他人求助時，多半是因為我們在某方面知識匱乏，或對某方面的技能和常識不夠了解。我們請他人幫忙時，就是在無償索取他人的經驗、知識、技能、眼界、膽識……等精神財富。

他人就算只是指點一二，都會讓我們醍醐灌頂，因為這是他人蓄積多年的智慧和底蘊。所以向他人求助時，一定要想到，他人分享給我們的知識和經驗，都是他花了大量的時間、精力和心血才得來的。

都說朋友相交要注重對等性，當他人向我們提供精神財富時，

如果我們無法為他人提供對等的價值，必要時，我們可以以物質回報。比如在請他人幫忙前，可以先請他吃飯，或贈送合適的禮物……等。

我個人對這種模式非常認可。這樣，我在請別人幫忙時，也自然心安理得很多。

掌握這點的關鍵是，不要等事情辦成後，再給他禮物或請他吃飯，這種表現太過功利。如果這件事情需要對方花費很大的氣力來完成，我們一定要提前贈送禮物、請吃飯，因為對方沒有無償幫助我們的義務。

當我剛開始做粉絲專頁時，需要設計一個圖示。我找了以前認識的一位學設計的同事，當時他回覆說最近工作很忙，但我說不著急，你什麼時候有空再幫我做。並馬上寄了一個禮物給他，同事看我這麼誠心的求助，連夜加班幫我完成了圖樣設計。

▶ 3. 期望不要太高

有句話說得好：「別人幫你是情分，不幫你是本分。」也就是說，有時候即使投入了少量的金錢，但也不一定就能達到我們想要的結果。因為他人想怎麼幫，幫到哪種程度，取決於他的付出及能力大小。他既然為我們費心了，我們就需要心懷感謝，如果他為我們費神達到了我們想要的效果，我們更要感恩在心。

▶ 4. 有思路再去求助

在向他人求助前，自己要先理清思路，有的放矢的詢問，會讓我們收事半功倍的效果。如果我們有具體的問題，有合理方案和分析，那麼對方給我們一兩句話的指導，就能讓我們茅塞頓開。

換句話說，我們向其他人——尤其是權威人士——提出的問題，要盡量是選擇題而不是簡答題，我們只是請他們來糾正觀點和看法。

就像我開頭說到的那位學員一樣，她對自己的未來沒有任何清晰的規劃，就算是再專業的老師，也無法幫助到她。求助的結果，收效甚微。

▶ 5. 常來常往，提升自我，共同進步

最讓人不喜歡的朋友，就是有事時才想起我們的人。如果不想被朋友討厭，就要懂得友情是需要維繫的，記得常常與朋友保持聯絡和往來。這樣當我們向他求助時，才不至於貿然和唐突，也才不會給他人造成困擾。

說到這裡，我不得不提一下，現在很多人，由於自身的膽小、自卑，與優秀人士、專業人士保持較遠的距離，總覺得他們高高在上，與自己不是來自同一顆星球。其實，保持一顆平常心，平等的與他們交往，在溝通交流的過程中，我們自己會得到無形的提升，也會因為自己的優點和人格魅力，得到他人的喜歡。

記得一個老師曾跟我說過一句話，讓我頗受觸動：「世界上哪有那麼多人可以依靠？即使別人想幫你，也要知道你的手在哪裡啊！」

說到底，我們想交到有價值的朋友，就需要具備進入這種朋友圈的實力。只有這樣，當我們需要幫助時，才能得到高人的指點；只有提升自我，向他人分享我們的價值和觀念，才能實現雙贏。

第 11 章

努力的軌跡
—— 追逐踮起腳尖的幸福

人最痛苦的根源，往往來源於「求而不得」。我們的能力有限，又要追求能力之外的東西，自然會常常失敗。我提倡正向的「折磨」，而不是做自己無法做到的事，追求得不到的東西。人生一世，做踮起腳尖能夠碰得到的規劃，因為，拿得到的幸福才是你的。

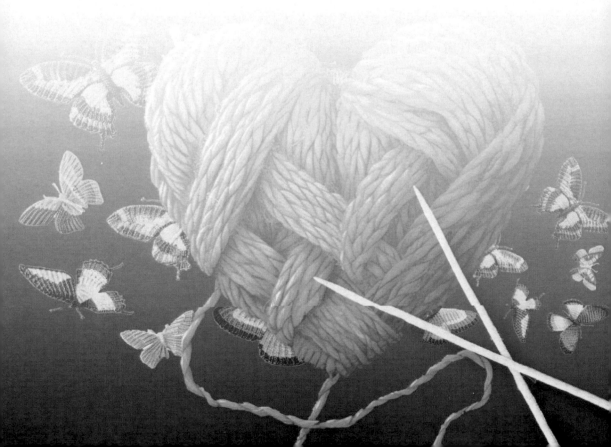

01.
未來五年的生活：制定明確的生活計畫

開篇小談

　　追求和嚮往幸福，或許是每個人終其一生的目標，無論是一處理想的住所、一個知心的對象、一個出色的孩子、亦或是打造百年基業，流芳百世……不管是什麼，總體來說，至少我們有讓自己幸福的目標，這是值得慶幸的。

　　我最怕看到的，是我們一直在尋找幸福，卻不知道我們想要什麼，有什麼樣的目標。於是，我們追求幸福，卻始終得不到，因為我們根本就不知道自己的幸福在哪裡。

【情景再現】

　　小蔓有個對她體貼入微的丈夫，家庭經濟條件也不錯，可她總是找我借錢。剛開始時，她表現的很不好意思，由於我們認識多年，我沒問緣由就借了。無數次後，我好奇經濟條件不錯的她，為何如此缺錢？

　　她告訴我的理由很多，無非是打牌輸了，不敢跟丈夫說；把錢投入股市，結果虧得一塌糊塗。

　　最後一次借錢給她時，我對她說：「妳有沒有想過 5 年後的生活，妳的目標是什麼？如果妳把我借給妳的錢用在學習或其他積極的事上，妳的生活會不會有所改變？」聽完我的話，她很快的搖搖

頭，「5 年那麼遙遠，以後的事誰也說不準，目標只是一個夢想而已。我現在年紀大了，也沒精力學習，至於工作，我也沒打算換，我不會別的。」

聽完小蔓的回答，我搖了搖頭，沒有再說下去，因為我知道，多說無益。

如今，5 年過去了，小曼還在到處借錢，只是她不再找我借錢，因為我明確告訴她，我不會再借錢給她。

高老師的幸福解析

對小蔓來說，5 年的時間，最可悲的不是欠了債，而是對未來的迷茫，毫無幸福感可言。

對於未來，我們的目標可以很小，小到要去某個喜歡的餐廳大吃一頓；也可以很大，大到去全世界看看。但不管怎樣，我們都要有自己的目標，那會讓我們覺得生活有希望。

對於這一點，我的「幸福之道」理念是 —— 把 5 年視為一個時間點，規劃我們的人生。

看到這裡，你可以和我一起停下來，思考接下來的 5 年，我們要如何度過？有什麼樣的目標要實現？想過什麼樣的生活？

5 年前的我，是一個諮商師。那一年，我給自己定的目標是：走出去。在事業上，我要走向全國，不僅在幾十、幾百人的課堂上，傳授我的幸福之道理念，還要影響更多人，透過自我維護和心靈鍛鍊兩項技能，讓他人的人生更幸福；在生活上，我也要走出去，我想帶女兒去看看外面的世界，認識更多優秀的人。

如今，剛好是 5 年後。我成為自我維護、財丁兩旺、心想事成

的實踐教練，培訓過近千場，受益人數萬人，每年近 200 場培訓，收到學員一致好評。同時，在這 5 年裡，我去過很多地方，結識許多優秀的朋友。

現在，回憶這 5 年的生活，我感覺我的每一天都是無比幸福的，因為有目標指引著我的前進。

對大多數人而言，每天工作的環境是固定的，我們常年在同一家公司做著同樣的工作。行程安排也是固定的，朝九晚五的上班時間，已然是奢侈。晚上，當我們拖著疲憊的身子回到家，吃晚餐、坐一坐，已經 9 點鐘，人的惰性讓我們不想做任何事情。朋友和同事也是固定的，每天見到一樣的同事和家人。

在這樣固定的生活中，我們想與眾不同，成為那個獨一無二的我，要怎麼做呢？

我的答案就是：為了目標而奮進。

所以，對於未來的生活，我們需要做的，就是想清楚自己想要什麼，有什麼樣的目標。當人生有了方向，我們就會心之所依，行之所向，幸福才會有著落。

高老師的幸福之道

幸福就是當我們為自己設定一個目標後，我們在向目標努力前進時感受到的快樂，當我們實現目標時也感受到快樂。

書看到這裡，很多讀者肯定會問：「高老師，我們如何找到那個能為之奮鬥 5 年，甚至一生的長遠目標呢？」以下是我為自己制定目標的方法，希望能為你的下一個 5 年，提供幸福的路徑。

▶ 1. 走出去，感受不一樣的生活，重新了解生命的意義

不要拘泥於現在和周圍的環境，要勇於改變。站在 2 層樓和 20 層樓看到的東西不一樣，我們要勇於跳出自己的圈子，去接觸不同的人群，感受不一樣的生活。這些超越生活軌跡的內容，會帶給人生新的啟示。

如今，很多家長都努力創造條件，讓孩子年輕時多去看看外面的世界，開拓他們的視野，提高他們的人生境界，使他們可以擁有更高的人生追求。這種做法是值得鼓勵的，也是我非常贊同的做法。

我有很多新的想法和規劃，都是受益於出去看世界，有機會向更多人學習和傳授幸福之道。所謂溫水煮青蛙，舒適的生活，會扼殺一個人的戰鬥力和創造力。而生活圈之外的大世界，會帶給我們巨大的衝擊，所以才會有行萬里路、讀萬卷書一說。

大千世界，無奇不有、精彩紛呈，我們會重新認知生命的意義，重新設定生活的目標，重新定義優秀的標準，而這個過程，會讓我們奮鬥的方向更明確，有助於實現更大的夢想。

▶ 2. 憧憬夢想實現的場景，助力目標達成

金榜題名時、洞房花燭夜，這些詞彙都容易讓我們瞬間置身於幸福之中，或感到幸福即將來臨。這也會讓我們在實現目標的過程中，充滿鬥志和動力。

當我們設定了人生的目標，就要尋找最適合自己的憧憬方式，比如場景建立。如果你偏重圖片思維，善用思維導圖，建議畫下心中期待的場景；如果你擅長文字，那就寫下來，在洋洋灑灑的文字

中，感受目標的強大和美好。當這些場景在你的腦海及書面呈現出來，你就已經為自己找到一個真實的、近在眼前的目標。

這種對夢想的憧憬，會在最艱難的時刻激勵你。

▶ 3. 定好 5 年的目標後，保持正能量的積極狀態

當我們制定 5 年的目標後，不要去想過程的艱難和失敗的後果。如果一開始在潛意識裡，就往消極的一面靠攏，想實現目標會非常困難，這樣會讓我們產生自我懷疑，認為定下的目標是白日夢。於是，我們又回到了原點，繼續「混」日子。

定好 5 年的目標後，我們需要做的，就是保持正能量的積極狀態，以目標為導向，合理安排每一天的學習、工作和生活。每天進步一點點，累積進步一大步。當時間沒被虛度，當每天都卓有成效，我們就會走在別人的前面，離目標就會越來越近。

02.
人生的設計：避免三天後的挨餓

高老師的幸福解析

經常有粉絲發私訊給我，但內容都大同小異，總結起來，無非下面幾件事：

「我後悔了，我不該來臺北的，也許當初和男朋友在一起，現在一切都不一樣了。」

「如果再給我一次機會，我面試的時候一定不會說那句話。」

「高老師，我很迷茫，我到底該不該回老家，接受我爸媽的安排？」

……

說實話，對於這些私訊，我真不知道該如何回答。

有句話是這麼說的：「人生沒有設計，你離挨餓只有三天。」我非常喜歡這句話，所以把它拿來當作標題。這句話雖然聽起來有些誇張，但在競爭如此激烈的當今社會，「人生設計」已經是毋庸置疑的幸福之道了。

令人遺憾的是，大部分人沒有按照自己的意願生活。說到這裡，我想起哈佛大學的一個心理實驗。

哈佛大學著名的社會學教授，對即將畢業的 1,000 名學生，做了一個訪談，問題很簡單：「你對自己未來的人生有什麼規劃？」

訪談結果是，只有不到百分之四的學生，對自己的人生有清晰的規劃，大約還有百分之十六的學生，雖然有規劃，但是目標不是很明確。

30 年後，這位教授又訪問了當初的這些學生，除了 35 位由於特殊原因聯絡不上，剩下的學生都有取得聯繫。該教授透過對他們的健康、家庭、事業、感情、財務等多項指標的統計，發現一個很有趣，也很驚人的結果。

實驗結果顯示，有清晰規劃的那百分之四，在以上各項指標的分數，都是最高的。他們不僅身體健康，家庭美滿，事業成功，更令人羨慕的是，他們都財務自由。

而百分之十六的那些人，成為各個行業裡的專業人士，雖然薪水很高，但其他方面多多少少都有些不如人意，最大的特徵，就是身心疲憊。

在這個試驗中，所占人數比例最大的，是那些沒有任何規劃的人，這些人有百分之八十。他們一般在工作幾年後有些存款，就不想再努力了。因此，他們大多數都是平凡的公司職員，沒有什麼超凡的成就，甚至還有人靠政府的救濟過日子。

可見，就算是哈佛大學畢業的高材生，也不見得人人都能成功，更何況是我們這些普通人。相信每個人都想成為那百分之四幸福的人，那我們有跟他們一樣清晰的人生規劃嗎？

所以，我想告訴大家的是：這個社會很殘酷，沒有規劃的人，往往會被規劃掉，而用心規劃的人生，才更容易幸福。

高老師的幸福之道

想賺一千萬和想賺 1 億的人，他們賺錢和花錢的方式一定不一樣；想攻讀更高學位的人和大學一畢業就想踏入職場的人，在學習的特質上，肯定有所差別。這個差距，就是我們是否對人生有規劃。當我們有規劃，我們才會按照自己設計的路，踏實、一步一腳印的走下去，我們的人生才不會迷茫。

關於如何為人生制定計畫，我沒有什麼真知灼見，但是，這些制定計畫的步驟，也許會幫到你。

▶第一步：制定年計畫

把一年的目標寫下來，可以當成手機桌布，可以用便利貼貼在電腦前，時時刻刻提醒自己完成目標。

在一年的時間裡，一個人會有很大的改變。簡單的說，我們想在接下來的一年裡，達到怎樣的成就？需要提醒大家的是，我們只需要寫下自己想做的事，對每件事需要完成的時間及數量，不需要寫得很清晰。

在培訓時，我經常會看到許多職場新鮮人，在剛開始工作時，上司安排什麼就做什麼，不為自己制定任何計畫，彷彿上班不是為了自己，是為了上司。過了幾年，意識到規劃的重要性，於是在制定計畫時反覆思考，把它做得非常詳細。

有一次，一個年輕學員把他的計畫拿給我看，我發現他在一年裡，列舉了好幾個目標，而且都是結婚、買房、買車、升遷這種大目標。他告訴，他每天早上一睜開眼，這幾個目標就闖進他的腦海

裡，讓他感到壓力非常大。一年下來，他的確獲得一些小成就，但生活毫無幸福可言。

所以，我們在制定年計畫時，可以定 3 ～ 5 個目標，但對於完成的時間及情況，不要寫得那麼清晰。

比如前幾年我為自己定的計畫是：

出版一本教人如何幸福的書，並帶它去和全國各地的讀者見面；

和女兒一起旅行一次。

但在制定這兩個計畫時，我不會考量這本書要達到什麼樣的銷量，影響多少人；和女兒去哪裡旅行，去幾天……

要明白，生活充滿各種可能性，「計畫趕不上變化」，所以目標要隨時調整。如果施行的過程中，出現了一些小插曲，我們也有時間緩衝。

▶ 第二步：制定季度計畫

每個公司都有季度財報，我們也要為自己做一個季度報表。內容可以自己制定，比如體重減少幾公斤，存款增加多少，和朋友聚會幾次，讀幾本好書……等。

比如，我計劃和家人一起旅行，當我做好一切行程攻略後，就要開始存錢了，每個季度存多少，都要寫進季報裡。

如果覺得一次性制定四個季度的計畫有點太麻煩，那不妨先做第一個季度，先把第一個季度完成，後面就輕鬆多了。

▶ 第三步：制定 21 天計畫

人和人之間之所以有差別，是因為我們的行為習慣不一樣。21 天可以養成一個習慣，21 天可以幫我們全面提升素養。「21 天計畫」

其實是「季度計畫」的分解版，不喜歡「季度計畫」的讀者，不妨試試這個辦法。

▶第四步：一週計畫

　　制定週計畫相對來說比較簡單，一定能夠注意勞逸結合。可以按照這個結構來制定：讀書時間、鍛鍊時間和社交時間。

　　Step 1：寫下本週必須做的事情，比如會議、聚會、運動……

　　Step 2：在安排其他工作之前，先把娛樂、聚餐的時間預留出來，以免衝突。

　　Step 3：看書學習、提升自己的時間，一定要安排。

　　Step 4：對那些完全可以 hold 住的工作，安排到剩下的時間裡。

　　如果我們是學生，可以規劃課餘時間。

　　對上班族來說，工作時間一般是 8 小時，下班回到家，差不多已經 8 點了，這時再學習、鍛鍊，效果一定不好，如果這些計畫內容不是自己真心想做的事情，那麼當我們回到家，就直接癱倒在沙發上了。

　　制定計畫是為了讓生活更充實，更有意義，而不是被計畫束縛。所以，制定計畫的時候，要預先留出娛樂時間，比如看電影、讀書、聚會……等，當我們看到這些內容，是不是內心有點小激動呢？

　　到此為止，關於如何制定計畫的方法，我都已經告訴你了，讀到這篇文章的你，現在可以參與進來，和我一起制定計畫，Have a try（試一試）。

03.
不可迴避的生命選擇：那些不能走的人生捷徑

高老師的幸福解析

我還記得國中的時候，國文老師跟我們說過一句話：「人一生下來，就是在向死亡線奔跑，終點是一樣的，所以把人生過得精彩，就更加重要了。」那時我還小，體會不到這句話的深意，隨著年齡的增長，閱歷的增加，我越來越了解這句話了。

身為一個傳承幸福之道的老師，我總是希望把我所經歷及如何獲得幸福的方法，傳授給學員及讀者，讓大家少走一點冤枉路，更快獲得幸福。但透過幾年的培訓，我發現，有些冤枉路，是可以少走的；但有一些捷徑，是我們不能走的。在這裡，我要把這些不能走的人生捷徑告訴大家。

透過多年對「幸福之道」的研究和體悟，我總結出以下 7 個不能走的人生捷徑：

▶ **不能走的人生捷徑 1：安於現狀，預設並接受命運賦予的一切**

大多數平庸的人都有一個共同性，那就是接受命運的安排。我有個朋友就是這樣，對生命中發生的所有事情，都抱持接受的態度。對上司的不公，逆來順受；對同事的排擠，從不反駁；對家人的嘮叨，從不爆發……看到他每每向我抱怨命運多舛時，我不禁反問：「你一直安於現狀，接受命運，那麼又如何改變命運呢？」聽了我的話後，他沉默了。

人生有無數種可能。老闆不看重我們，挑戰自己、做到不可替代；同事排擠我們，就要證明給他們看，我到底有多優秀；家人整天嘮叨，就要多跟他們溝通，說出自己的想法。遇到困難就要迎難而上，我們有能力面對最艱鉅的挑戰，不要選擇最容易的那條路，有挑戰，就有機遇。

因此，去挑戰，不要安於現狀！每天叫醒我們的是夢想，而不是死氣沉沉的鬧鐘。

▶ 不能走的人生捷徑 2：總是挑選毫不費力的事情去做

當我們某天回望走過的人生路，我們完成的每件事，都是登上山頂最堅固的基石。假如我們害怕高山，就選擇一條平路，那還怎麼「會當凌絕頂，一覽眾山小」呢？

我們遇到的每一次挑戰，都有非凡的意義，也許能提升人生經驗，也許能讓我們吃一塹，長一智。人生是一場修行，假如能活到老，學到老，每一次穿過荊棘，對人生都濃墨重彩的一筆。

因此要記住，想要彈簧彈得更高，就要給它最大的壓力，生活也是如此。當我們感到十分艱辛時，恭喜你，你正在走上坡路。所以不要被暫時的困難嚇倒，保持專注，堅定前行。

▶ 不能走的人生捷徑 3：隨波逐流，永遠按照別人為你設定的路線走

我年輕的時候，身邊總有一群「過來人」，用老成的姿態告訴我應該怎麼樣。每個人都是獨一無二的個體，為什麼一定要遵照別人的想法呢？艾倫·金斯堡（Allen Ginsberg）的一句話一直鼓勵著我：「追隨你內心的月光，不要掩藏狂熱的一面。」

這個世界不存在兩片相同的葉子，也不可能有兩個完全相同的

人，我們來到這個世界，就是要找尋一條適合自己的路，如果一直被他人的意見左右，那跟木偶有什麼區別？

記住，我們擁有感受湧上心頭的任何感覺，並去追隨讓我們感到快樂的權利。不要跟別人比，也不要被其他人的成就嚇到。走自己的路，讓別人去說吧！鞋子合不合腳，只有自己知道，永遠都不要放棄自己的追求。自己的人生，自己做主。

▶ 不能走的人生捷徑 4：聽天由命，不願意去努力

雖然我一直告訴學員「努力不一定會成功」，但是努力一定會有收穫。要明白，最終能夠讓生活發生改變的，不是三分鐘熱度，而是每天堅持做的事情。因此，不管何時，都要好好規劃人生，即使這個計畫不完善，也比沒有目標強。

誰的人生不迷茫，但是這種迷茫只是暫時的，不要因為偶爾迷路，就長時間困在原地不動，把自己的鬥志一點點消磨掉。現在對我們來說，最重要的是明白自己想要什麼，想過怎樣的生活，當我們對某件事情有迫切的渴望，我們的潛力也會被激發。只要我們有夢想，全世界都在幫忙。

我們總有老去的那天，當頭髮花白，坐在公園的長椅上眺望夕陽時，是否也會後悔某件未完成的事，是否所有回憶都是值得回味的？因此，從現在開始，就把精力放在書寫自己的人生上，讓未來的自己不會埋怨現在的自己。

▶ 不能走的人生捷徑 5：忽視別人，而不是真正原諒他們

對於傷害，我常常講的是：「原諒他們」，不是因為他們需要被原諒，而是因為你需要放過自己，讓自己的內心歸於平靜。有時，

有學員會提出質疑：「高老師，您被別人傷害過嗎？如果有，您是不是就不會有這樣的幸福之道？」

每當此時，我都會微笑告訴他們，我也只是一個平凡人，在我的人生旅途上，也會被很多人傷害。比如，我丈夫向我提出離婚時，我是多麼的痛苦。可最終，我還是原諒了他，並冷靜地與他辦理了離婚手續。

可以試想一下，如果我不原諒他，總有一塊疙瘩鬱結在心中，我怎麼會遇到現在的幸福呢？所以，忘記曾經傷害過我們的人，是我們給他們最好的答案。

▶ 不能走的人生捷徑 6：拖延症

我們一定有過這種經歷，總愛把事情一拖再拖，上午的工作拖到下午，今天的工作拖到明天。這些我們說「晚點再做」的事情，真的完成了嗎？明日復明日，明日何其多，我生待明日，萬事成蹉跎。是時候該做出改變了。也許剛開始時，我們很不習慣，還是想摸摸手機，刷刷社群媒體。但是，只要我們下定決心，就一定能戰勝拖延症。每天醒來時，想想今天要做什麼，每天睡前再反省今天有什麼事沒做好。

未來，我們會發現，人們最終評價我們這個人，依據的不是我們說過的話，而是我們做過的事。

▶ 不能走的人生捷徑 7：犧牲陪伴你所愛之人的時間

想想看，我們有多久沒有坐下來和爸爸媽媽一起好好吃頓飯了？我們有多久沒和孩子一起看動畫片、講故事了？我們有多久沒和朋友一起聊聊天了……

　　現在的生活節奏越來越快，我們每天都很忙碌。忙著上班，忙著應酬，忙著業務，忙著談戀愛，忙著各種事情，看起來我們每天被無數的事情填滿，有沒有想過，你的時間到底花在哪裡？我們真的在充實嗎？還是看起來很充實？我們把時間都花在工作上，還有時間陪家人嗎？

　　我們總覺得某些人存在我們生活中是理所應當，已經習慣了他們的存在，覺得他們不會離開。也許，今天還跟我們有說有笑的死黨，明天就消失在茫茫人海了。所以，適當花點時間和愛我們的人在一起吧！和他們一起說說話，散散步，吃吃飯，多創造美好的回憶。因為，當我們想念一個人時，浮現在你腦海裡的，一定是和那個人一起經歷的事情，哪怕只是一次開懷大笑。

高老師的幸福之道

　　我們從生下來的那刻起，終點就是死亡，所以過程要比終點更加重要。我們要做的，就是讓每一天都充實而有意義。對人生來說，我的幸福之道，是「過想要的生活，是沒有捷徑的」，我們需要付出時間和精力。

　　為了讓大家不要為尋找捷徑而浪費時間，我在本節已詳細為大家列出人生不能走的 7 條捷徑，希望大家能謹記在心。

　　正在看這本書的你，也許正是荳蔻年華；也許已經經歷過大起大落；也許正期待著美好的未來，但是不論你處在人生的哪個階段，這些捷徑，請不要涉足。

04.
自我放棄的後果：放棄自己等於放棄整個世界

【情景再現】

　　人生的軌跡就像一條拋物線，有高峰也有低谷。處在人生低谷時，我們會焦慮、迷茫，腦海裡總有個聲音在對我們說：「你不行，你根本不是這塊料，趁早放棄吧！」

　　有一次去外地培訓時，有個很秀氣的女孩走上講臺，說出了她的困惑。

　　她先做了自我介紹，說自己在一家小超市當會計。讓她頭痛的是，這家店的帳目亂七八糟，出貨、進貨的紀錄也是七零八落，有的甚至連收據都沒有。她開始懷疑是不是自己能力不夠，換成別的資深會計，肯定一下子就做完了，最後她問我：「我到底要不要轉行呢？」

　　我問她：「面對目前糟糕的工作狀況，妳有沒有做出什麼努力呢？」

　　女孩說：「我跟經理反映過這個單據不全的問題。」

　　我說：「後來呢？經理怎麼說呢？」

　　女孩說：「經理跟我說，以後一定會注意，然後我又跟經理說，是不是要安裝個專業的財務軟體，這樣帳目就更清晰了，工作效率也會提高。」

我接著說:「看來妳們經理還是很重視這個問題的,他已經給了妳答案。那妳這個工作做了多久?」

女孩說:「大概兩個多月吧!」

根據女孩敘述的狀況,我倒覺得她沒必要改行。這世界上沒有完美的公司,女孩以前是做人力資源的,花了很多時間去考會計證照,這是她第一份會計工作。假如開端不是很順利,那以後的職場道路,也不會好到哪裡去。

更何況,她自己也覺得還沒到一定要辭職的地步。根據她的說法,經理還是很支持她的工作,只是由於專業知識不足,沒辦法為她提供實質的幫助。此時,恰恰是她迅速向上提升的好時機。

我對她說:「妳別著急,現在是妳大顯身手的時候了!下星期上班時,確定好自己的工作重點,整理出帳目的漏洞,要解決哪些問題,是要重新制定財務制度?還是要更新財務軟體?這些都要一件一件去解決。」

可是女孩的眼神依舊很不確定,她一直說:「我真的可以嗎?」

我突然意識到一個問題,於是問她:「妳從小是不是特別聽父母的話,但爸爸媽媽也很少表揚妳?」她朝我點了點頭。

我明白了,這個女孩子之所以懷疑自己的工作能力,很大一部分原因,來自於她的成長過程,她的爸爸媽媽太強勢了,過度干涉她的生活,以至於她缺乏對人生的掌控感。

高老師的幸福解析和幸福之道

對生活缺乏掌控感,會讓我們感到迷茫,不知所措,且不知道該如何改變目前的狀況。

　　我建議女孩，請她從看得見的單據入手。就拿收款和付款來說，既然制度不完整，收付款都沒有憑證，那就從這裡開始，建議經理購買幾本收據和付款單，然後請各部門的管理人員開個會，制定完善的財務制度，並且嚴格執行。

　　如果這位女孩真能聽進去我的建議，慢慢把事情解決，那麼她會非常有成就感，發現自己並非一無是處。

　　在工作的過程中，難免會觸及某些人的利益，很可能會招來閒言閒語，不要因為私人的情緒影響工作的事情。雖然經理對財務不太懂，但是只要妳一切以公司的利益為優先，老闆自然會看在眼裡，職場不需要「爛好人」。

　　聽完我的分析，女孩明顯輕鬆多了。解開了心結，情緒明顯改變許多。培訓結束時，我要趕去機場，她十分不捨，好像意猶未盡。我送給她一句話：「任何時候都不要看輕妳自己，千萬不要在艱難時刻放棄自己。」

05.
智慧的決策：不要在低階的選擇上耗費過多心力

【情景再現】

大學畢業後，在大家都忙於找工作時，我成功地被某製藥公司錄取，成為一名培訓師。

在沒有畢業前，我常常聽一些學長、學姐說，進入職場第一件事，就是要把自己打扮得成熟些。於是，我用四年兼職存下來的錢，買了幾件像樣的職場正裝。回到寢室，我換上幹練的套裝，畫了一個淡淡的妝容，盤起頭髮，完全按照雜誌上的模特兒打扮，照照鏡子，還真有點職場女性的味道。

然而，後來我才明白，恰恰因為我太注重外表了，影響了我的成績。

剛進入製藥公司工作時，由於沒有工作經驗，當前輩在交代工作流程和規章制度時，我卻在偷偷瞄我的指甲油有沒有塗均勻；當每週開例會時，我坐在靠近玻璃的轉彎處，剛好可以把玻璃當鏡子，看看妝有沒有花；當上司叫我迅速到辦公室時，我顧著整理服裝儀容，完全把這件事拋在腦後，以至於耽誤了工作安排。

有一次，部門主管穿著一件暗紅色大衣，跟我一起走進電梯，我對她說：「周主管，這大衣顏色真漂亮，我昨天剛從雜誌上看過，一定是今年的新款吧！」

沒想到，她淡淡一笑，說：「我不太清楚，我可沒時間看那些時尚雜誌，這件大衣是我老公買給我的，好多年了，剛好這兩天適合穿，我就拿出來穿了。」當時，我非常尷尬，恨不得電梯馬上出現黑洞，把我吸走。

這跟我想像中的白領生活太不一樣了，電視劇裡的白領女子，不都是打扮得漂漂亮亮，踩著十公分的高跟鞋，在高檔辦公室裡談笑風生嗎？難道這家公司是個例外？為什麼大家都穿得那麼普通？

我偷偷問過公司的前輩，她跟我說：「這位主管平時工作很忙，哪有時間化妝打扮啊！她曾經跟我們說，她每天要看大量檔案，稽核大量帳目，她必須保證自己有足夠的精力完成工作，盡量不做無謂的事情，分散注意力。」

那段時間，我的工作成績很不理想，因為我把大量時間都花在穿衣打扮上，該做的工作沒完成。

儘管這段時間很短，卻是我人生中最重要的一課。這堂課就是——你沒有想像中那麼備受矚目。說的更明白點，就是別讓這些無足輕重的決定，耗用我們太多的腦力。

職場如戰場，對新人而言，我們更需要專心致志地做好工作，這才是最重要的。比如，祖克柏（Mark Elliot Zuckerberg）總是對 T 恤情有獨鍾，賈伯斯（Steven Paul Jobs）每天都穿黑 T 恤、牛仔褲。

再後來，工作漸漸有了成就，我認識很多成功人士。我對其中一個印象非常深刻，他上班時永遠都是一套灰色西裝，平時見他，他就穿一套休閒服。其實，只要你仔細觀察，你會發現，越成功，越低調。

努力的軌跡 —— 追逐踮起腳尖的幸福

高老師的幸福解析和幸福之道

很多人覺得，工作就是為了賺錢，賺錢就是為了「自由」。後來，我發現，「自由」這件事情，跟物質並沒有多大關係。甚至，如果不從生活的瑣事中解脫出來，就算有再多金錢，也不會有自由，更無法集中精力做好每一件事。

因此，我給那些即將就業的學員第一個建議，就是 —— 做好你該做的事 —— 這是本分。砍掉那些無足輕重的事情，選擇太多也是一種累贅。

有段時間，我曾特別在乎外表。上班前會花大量時間挑選要穿的衣服，搭配的鞋子以及包包。社會的發展讓生活越來越豐富，除去休息的時間，我們被動的接受大量的廣告，選擇不再是一種自由，而是一種自虐。想要事業蒸蒸日上，就一定要記住這一點，永遠不要在低階的決定上，浪費過多的腦力。

為了讓自己和大家不在低端的決定上浪費過多的腦力，經過這些年的研究和實踐，我發現以下幾個措施很有效，希望大家可以採納：

▶ 1. 定期清理物品

把那些從沒穿過的衣服和鞋子處理掉，減少外出購買衣服的頻率。我們根本不需要這麼多衣服，留一些基本款和適合晚宴、運動等各種場合穿的衣服即可。

▶ 2. 遵從「次級決定」

所謂「次級決定」，就是把一些決定固定成為習慣，這樣做可以減少做決定的時間和次數。

比如，我們遵守公司規章制度，每天上班按時打卡，那我們就不會因為上班遲到而被扣薪資，會大大削弱內心的不安感；我們去固定的幾家店買衣服，就省下了在網拍上挑衣服的時間；夫妻兩人遵守婚前的約定，結婚後對對方忠誠，不欺騙對方，那以後就不會因為外在的誘惑，傷害雙方的感情。

▶ 3. 讓生活更簡單

比如，選購商品時，不要被「進階版」欺騙，除非真的對現有商品不滿意，否則就不要花錢買新的了。

比如，睡覺前就把第二天要穿的衣服準備好，隔天早上就不會煩惱要穿什麼，省下時間，好好吃個早餐，精神一整天。

比如，每天都在同一段時間鍛鍊身體。

……

這些改變非常簡單，而且非常有效果，能為我們節省出大量時間，提高我們做事情的效率，這樣，我們才能把時間拿去做更有意義的事情。

修練幸福感的重構與實現：

走出迷茫、面對挑戰、發現真我，深度解析幸福，從心開始的生活蛻變！

作　　者：高藝秦

發 行 人：黃振庭

出 版 者：崧燁文化事業有限公司

發 行 者：崧燁文化事業有限公司

E-mail：sonbookservice@gmail.com

粉 絲 頁：https://www.facebook.com/sonbookss/

網　　址：https://sonbook.net/

地　　址：台北市中正區重慶南路一段六十一號八樓 815
室

Rm. 815, 8F., No.61, Sec. 1, Chongqing S. Rd., Zhongzheng
Dist., Taipei City 100, Taiwan

電　　話：(02)2370-3310

傳　　真：(02)2388-1990

印　　刷：京峯數位服務有限公司

律師顧問：廣華律師事務所 張珮琦律師

定　　價：450 元

發行日期：2024 年 03 月第一版

◎本書以 POD 印製

Design Assets from Freepik.com

國家圖書館出版品預行編目資料

修練幸福感的重構與實現：走出迷
茫、面對挑戰、發現真我，深度解
析幸福，從心開始的生活蛻變！/
高藝秦 著 . -- 第一版 . -- 臺北市：
崧燁文化事業有限公司 , 2024.03
面；　公分
POD 版
ISBN 978-626-394-028-4(平裝)
1.CST: 人生哲學 2.CST: 修身
191.9　　113001535

電子書購買

臉書

爽讀 APP